朝鮮民族の歴史と日本

浦淳一著
大阪市外国人教育研究協議会編

ブレーンセンター

中華人民共和国
ソビエト連邦
ペクト山(白頭)
チャンベク山脈
ハムギョン山脈
チョンジン
アムノク川(鴨緑江)
ケーマ高原
キムチェク
朝鮮民主主義人民共和国
シンイジュ
ハムフン
アンジュ
ナンリム山脈
東朝鮮湾
西朝鮮湾
ピョンヤン(平壌)
ウォンサン(元山)
ナムポ
テドン川(大同江)
リムジン(臨津江)
クムガン山(金剛)
テベク山脈
ケロン
ヘージュ
パンムンジョン(板門店)
日本海
トンへ(東海)
チュンチョン
カンファ島(江華)
ソウル
インチョン(仁川)
スーウォン
江華湾
ハン川(漢江)
テーベク山(太白)
ナクトン川(洛東江)
大韓民国
ファンへ(黄海)
クム川(錦江)
テジョン
キョンジュ(慶州)
グンサン
テグ
ウルサン
チョンジュ
チンへ
プサン(釜山)
白村江
朝鮮海峡
クヮンジュ(光州)
マサン
ヨース
モクポ
コジェ島(巨済)
ナムへ島(南海)
日本
対馬
山口
チン島(珍)
対馬海峡
壱岐
北九州
チェジュ(済州)
福岡
ハルラ山
佐賀
0 50 100km

はじめに

一番近い国

晴れた日には、対馬(つしま)から海峡をへだてて朝鮮半島がよく見えます。それほど近い隣国（大韓民国と朝鮮民主主義人民共和国）だから、遠い昔から現代まで、多くの人びとが行き来してきました。古代の日本に稲作や金属器・漢字・仏教などの進んだ文化を伝えたのは、朝鮮半島からの渡来人たちでした。もちろん、中国から直接、文化を受け入れたこともありましたが、何といっても日本文化に大きな影響をあたえたのは朝鮮文化だったといえます。

この二つの国は元寇(げんこう)や倭寇(わこう)、豊臣秀吉の朝鮮侵略といった２、３のできごとをのぞいては、江戸時代のおわりまで長く友好関係をつづけてきました。明治時代になって、日本は近代化の名のもとに富国強兵(ふこくきょうへい)策(さく)をとり、アジア諸国を侵略し、ついに朝鮮を植民地にしてしまいました。

日本政府は、日本人には朝鮮人に対する差別意識(さべついしき)をうえつけ、朝鮮人には民族性を失わせる政策(せいさく)をおこないました。その影響は、今もなお日本人の心の中に民族差別意識として根強く残っています。

隣国（大韓民国と朝鮮民主主義人民共和国）の歴史と日本との関係、日本の政策などを正しく学ぶことによって、日本を見直すこと、日本人の間違った考え方を正し、その反省のうえに大韓民国、朝鮮民主主義人民共和国との友好関係をつくりあげること。

分断(ぶんだん)された朝鮮民族の平和的統一が実現すること。また在日韓国・朝鮮の人びとと手をにぎり、あらゆる差別をなくし、平和なよりよい社会をきずいていく人間になってもらいたいという願いをこめて、この本をつくりました。

もくじ

第1章

朝鮮と日本の夜明け

50万	1万	5000	1000	500	300	100 B.C.	A.D.
旧石器時代		縄文時代				弥生時代	
大陸と地続き	日本列島の成立 縄文文化				弥生文化		小国分立
コムンモル遺跡 旧石器文化	ソクチャンリ遺跡	櫛目文文化		青銅器の使用 古朝鮮の成立 鉄器の使用		古朝鮮滅ぶ 高句麗の建国	百済の建国
原始時代			小国分立				漢の４郡

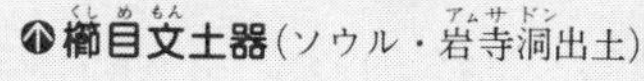

⇧櫛目文土器（ソウル・岩寺洞出土）

⇧櫛目文の縄文式土器（熊本県曽畑貝塚出土）

朝鮮の新石器時代に使われた土器で，表面に櫛目の文様があり，日本と朝鮮の交流を知ることができます。

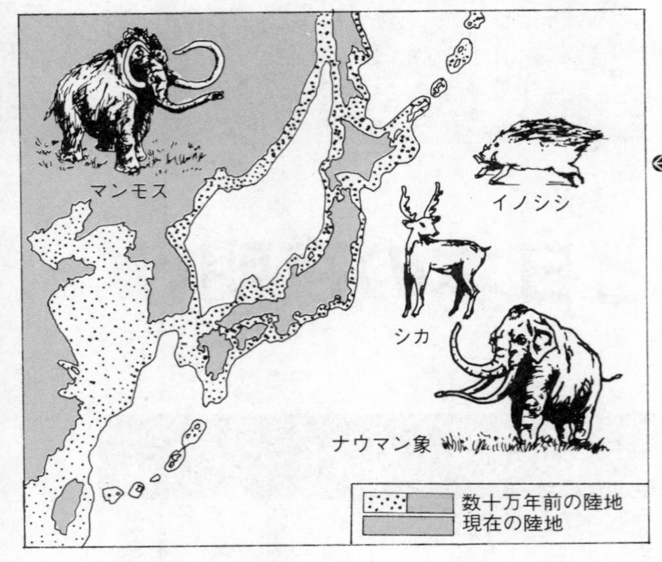

陸続きであった朝鮮半島と日本列島
陸続きのとき大陸から日本に渡って，そのままとじこめられ，氷河期の生きた化石としていまも生息(せいそく)しているものに，かもしか，いのしし，にほんしか，らいちょう，なきうさぎ，高山蝶(ちょう)や高山植物などがあります。

1 文明のおこり

陸続きであった朝鮮半島と日本列島

周囲を海でかこまれた日本列島は、数十万年前、氷河が地表をおおっていたころには、朝鮮半島と陸つづきでした。中国の草原に住んでいた象・さい・いのしし・かもしかなどの動物が日本列島に渡ってきました。狩りをするため、それらの動物を追って人間も渡ってきて住みつくようになりました。そのころの人びとは、ほら穴に住み、石を打ちかいただけの石器（**旧石器**）を使って、狩りや漁(りょう)をしたり木の実などをとって生きていました。

やがて、氷河期がおわって気候が暖かくなると、氷河がとけて海面が上昇し、陸地が海に沈みました。こうしてアジア大陸と切り離されて**日本列島**ができたのは、１万年ほど前のことです。

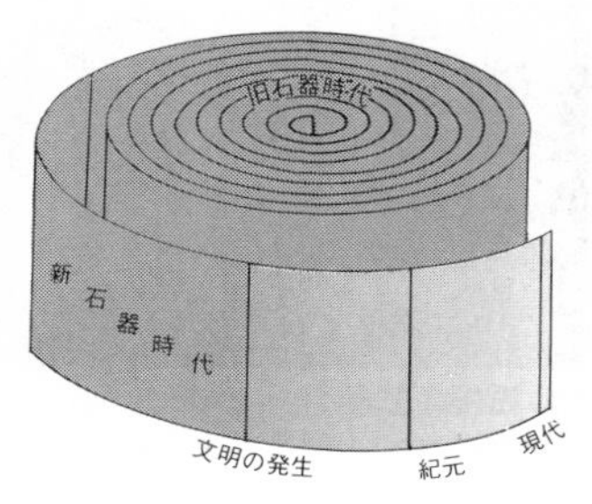

⇧長かった石器時代

⇧新石器
ほうちょう，のみ，かんな，やじり，剣，おの
（忠南・扶余（プヨ），松菊里（ソングリ）出土）

朝鮮民族の祖先

朝鮮半島に人が住むようになったのは、平安南道黒隅里（ピョンアンナムドコムンモル）の遺跡などから、およそ60万年前と考えられています。

しかし、それらの人が、朝鮮民族の直接の祖先となったかどうかは、明らかではありません。そのころの人びとは、火を用い、石を打ち割っただけの打製（だせい）石器を道具に使って、狩りをしたり魚をとって、水辺の洞くつで暮らしていました。この時代を**旧石器時代**とよび、数十万年という長いあいだつづきました。

今日の朝鮮人の直接の祖先と考えられる人びとは、**新石器時代**になって、中国や北方の針葉樹林帯（しんようじゅりんたい）で狩りをして生活していた人びとが、南下して朝鮮半島に住みついたものと考えられています。石をみがいてするどくした磨製（ませい）石器や骨角器（こっかくき）を使った新石器時代は、紀元前5,000～4,000年ごろからはじまりました。新石器時代の人びとは、狩りや漁をして移動する生活から、たて穴住居をつくり一か所に定

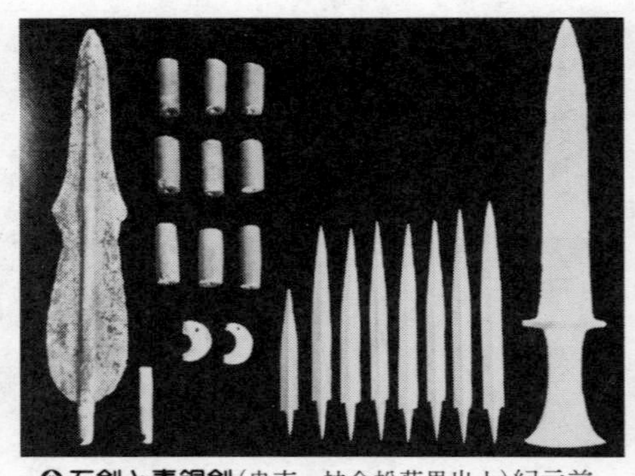

石剣と青銅剣（忠南・扶余松菊里出土）紀元前6～7世紀ごろ　青銅製短剣，石製くだたま，まがたま，やじり，短剣

青銅製武器（北九州市出土）細形銅剣で朝鮮半島より伝えられました。

住するようになりました。粟(あわ)・麦・こうりゃんなどの栽培をはじめ、牛・馬・豚(ぶた)・犬などを家畜として飼(か)い、食料を生産することと土器をつくることを知りました。

そのころつくられた土器は、その文様から**櫛目文(くしめもん)土器**といいます。のちには赤褐色(せきかっしょく)の無文土器や、色をつけた彩文(さいもん)土器などもつくられました。人びとは、同じ血すじと考えられるものが集まって、共同の生活をし、自然を神としてうやまい、氏族の祖先を動物と考えていたようです。

紀元前1,000年ごろから、青銅器がつくられるようになりました。**青銅器時代**に入って、農業はしだいに発達し、木や石のくわやすきが使われ、粟(あわ)・ひえ・麦・豆などが栽培されて、狩りや漁もさかんになりました。少しずつ生活によゆうがでてくると、社会には貧富の差があらわれ、しだいに族長の力が強まり、やがて**支配者**となっていきました。青銅製の剣や鏡、装飾品(そうしょくひん)などは、支配者の力をしめすものと考えられます。青銅のするどい槍(やり)や剣を多くもつ族長は、近くの氏族をあわせ、周囲の部族を征服して大きくなり、やがて「**くに**」をつくるようになりました。

➡**縄文時代の生活**(想像図)
水辺のたて穴式住居に住み，魚や貝，けもの，木の実など自然のものをとって食べる生活でした。

日本人の祖先

日本が大陸からきりはなされて島国になってからも、多くの人びとが朝鮮半島や南の島じま、それに北の方からも次つぎに日本列島に渡ってきました。そして長い年月のあいだに、共通のことばや風習をもつ日本民族ができあがったのでしょう。

そのころの人びとは、川や海に近い台地にたて穴式住居をつくり、貝や魚、草や木の実をとって食べ、しかやいのししなどを狩り、食物がなくなると移動するという生活をしていました。道具も打製石器のほかに、磨製石器や骨角器(こっかくき)が使われるようになり、縄目(なわめ)の文様のある**縄文(じょうもん)式土器**がつくられました。このころは、まだ身分や貧富の差がなく、共同の生活をし、自然を神としておそれうやまいました。この日本の新石器時代の文化を**縄文文化**といい、8,000年ほどの長いあいだつづきました。縄文式土器で、北九州から発見されたものの中に、朝鮮半島の櫛目文(くしめもん)土器とひじょうによくにたものがあります。また逆に釜山(プサン)の近くの貝塚から、縄文式土器の破片が発見されています。これらは、縄文時代に朝鮮半島と日本列島のあいだで、人びとが行き来していたことをしめしています。

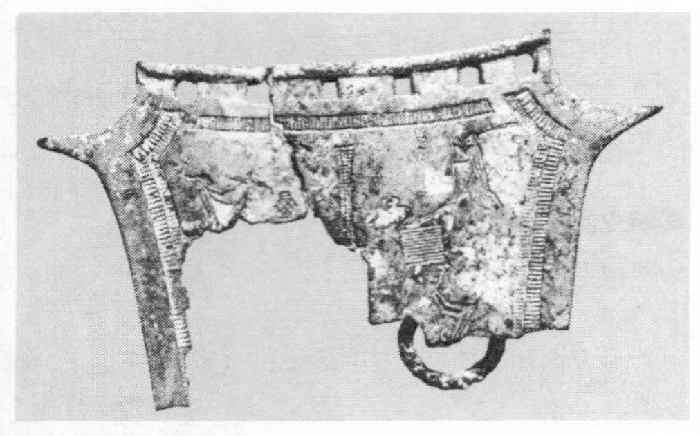

青銅器にえがかれた農耕の図(忠南・太田(テジョン)出土)
←部分拡大 ↑全体　紀元前4世紀ごろのもの，まじない師が身につけた装身具といわれています。

2 最初のくにぐに

朝鮮の古いくにぐに

朝鮮半島で一番早く国を形づくったのは、「朝鮮(チョソン)」でした。この朝鮮は、のちの李氏朝鮮(イシチョソン)と区分して**古朝鮮**(コヂョソン(こちょうせん))とよびます。古朝鮮(コヂョソン)は、すでに進んだ青銅器文化をもち、強い力をもつ国王もいました。紀元前4世紀ごろには、**鉄器文化**をうけ入れて、鉄製の武器や農具をつくり、農業もさかんになって養蚕(ようさん)もおこなわれ、絹や麻の織物もつくられました。

鉄器文化をもつようになって、国王の力はますます強大となり、多くの奴婢(ぬひ)（どれい）を使い、犯(おか)してはならない8か条の法律を定め、その支配を強めていきました。

古朝鮮(コヂョソン)は、しだいにその勢力を四方にのばし、紀元前3世紀には、中国の遼東(リャオトン)地方から朝鮮半島西北地方におよぶ大きな国になりました。古朝鮮(コヂョソン)のさらに北の中国東北地方に**扶余**(プヨ(ふよ))、鴨緑江(アムノックカン)中流に扶余(プヨ)から分かれた**高句麗**(コグリョ(こうくり))が

古朝鮮の法律（一部）

○人を殺したものは死刑(しけい)にする

○人を傷つけたものは穀物(こくもつ)でつぐなわせる

○泥棒(どろぼう)をしたら奴婢(ぬひ)にする

➔**鉄剣，鉄鉾(ぼこ)，銅剣，銅鉾(ぼこ)**
（慶尚南道金海(キムヘ)出土）

おこりました。

紀元前3世紀の末、中国は**漢**によって統一されました。漢はその勢力をさらに四方にのばし、古朝鮮(コ ヂョソン)にも侵略してきました。古朝鮮(コ ヂョソン)は、1年あまりにわたって抗戦(こうせん)しましたが、紀元前108年ついにほろぼされました。

漢は古朝鮮(コ ヂョソン)のあとに、**楽浪**(ナンナン（らくろう）)などの4郡をおいて支配しようとしましたが、朝鮮民族のはげしい抵抗にあって、しだいに追いはらわれていきました。しかし楽浪郡(ナンナン)だけは、その後400年あまりも漢の支配がつづきました。

漢との戦いのなかで、朝鮮民族の国づくりが進み、朝鮮半島東部には沃沮(オッチョ（よくそ）)、東濊(トンイェ（とうかい）)などの国ができ、南部の韓族もしだいに馬韓(マハン（ばかん）)・辰韓(ジンハン（しんかん）)・弁韓(ピョンハン（べんかん）)の三韓にまとまっていきました。

北部の国ぐにでは、ひえ・あわ・きびなどの畑作と馬・牛などの牧畜がおこなわれ、東部の国ぐにでは、農業のほ

🡄**朝鮮の支石墓**(京畿・江華島(カンファド))
青銅器時代の支配者の墓

🡆**須玖(すぐ)の支石墓**(福岡県)
二つの形から朝鮮と日本の関係を知ることができます。

かに漁業・製塩・養蚕などがおこなわれました。

南部は気候が温暖で、鉄製農具の使用も進み、**稲作**を中心とした農業が発達して、田畑を耕すのにも家畜の力を使い、かんがい用のため池もつくられていました。

土器もろくろを使って、赤褐色(せきかっしょく)の無文(むもん)土器が大量につくられました。家もたて穴から、台石の上に柱を立て草ぶきの屋根をもつようになり、人びとは天をあがめ神をまつりました。

種まきと収穫のすんだあとは、神をまつる季節祭がおこなわれました。これは現代にも5月の端午(たんご)・10月の告祀(こくし)の祭りとして伝えられています。天神をまつる風習は、朝鮮各地でおこなわれましたが、扶余(プヨ)の迎鼓祭(げいこさい)・高句麗(コグリョ)の東盟(とうめい)・濊(イェ)の舞天(ぶてん)祭などがあり、いずれも全国的な規模で歌や舞で天神をまつりました。

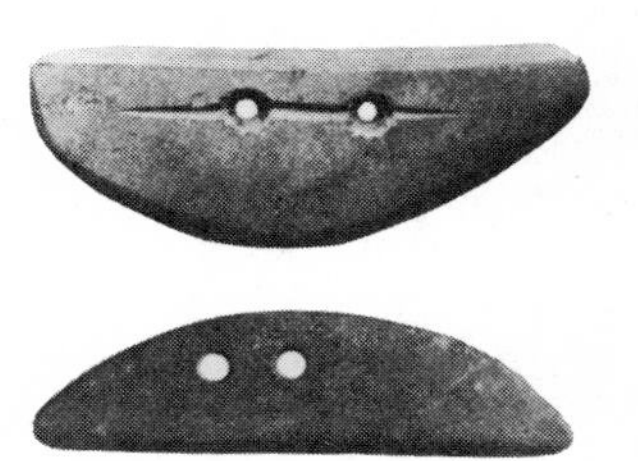

石ぼうちょう　上(慶北,慶州(キョンジュ)出土)
下(奈良県唐子(からこ)出土)

二つの穴にひもをとおして指にかけ稲の穂をつみました。

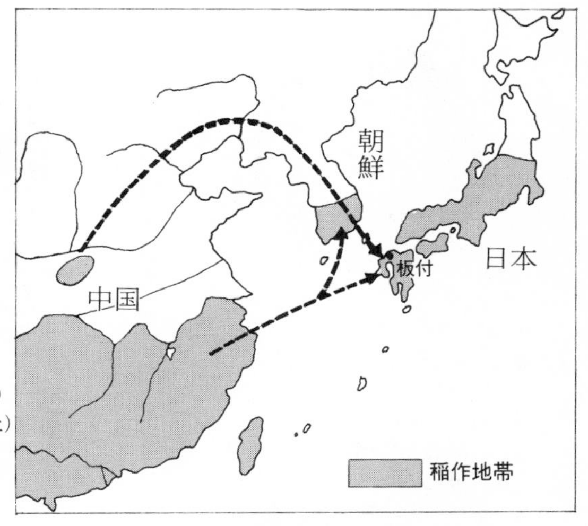

稲作のつたわった道

稲作のつたわり

紀元前３世紀ごろ、朝鮮半島から日本へ渡ってきた人びとは、種もみと金属器をもっていました。人びとは、沼地に種もみをまき、**稲作**をはじめました。狩りだけの生活をしていた縄文時代の人びとは、この新しい文化を受け入れ、つぎつぎと伝えました。

はじめのうちは、稲作に適(てき)した沼池のある湖や川の近くで生活しましたが、やがて溝(みぞ)を掘り、ため池をつくって水田を開くようになりました。こうして稲作は、日本の各地に広がっていきました。

このころの土器は、縄文式土器とくらべて、うすくて固く、ろくろを使って作りました。これを**弥生式土器**(やよいしき)といい、この時代を**弥生時代**といいます。

稲作とともに**金属器**が伝えられました。**青銅器**は、銅剣(どうけん)・銅鉾(どうほこ)・銅鏡(どうきょう)・銅鐸(どうたく)などが出土しています。いずれも実用的なものではなく、支配者の宝物や祭りの道具にされたも

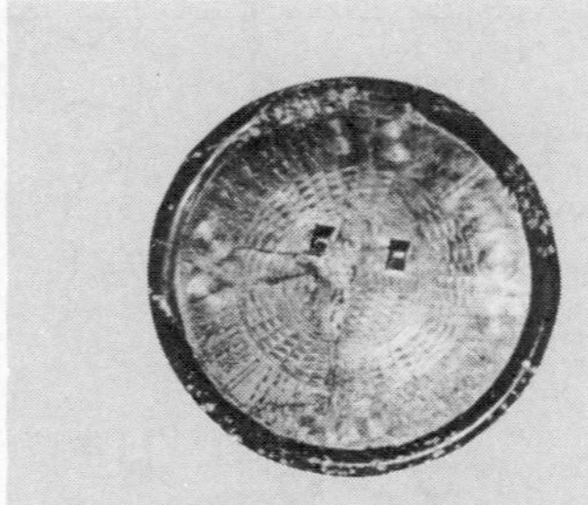

細文鏡(幾何文鏡)
↑(江原道・原州出土)
紀元前4世紀ごろのもの
↓(大阪・柏原市出土)

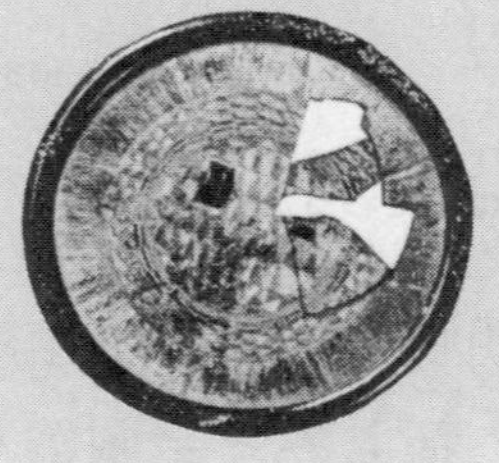

金印 「漢委奴国王」とあり奴国の王が漢よりもらったもの。
江戸時代福岡市志賀島で発見されました。
(1辺が2.3cm 重さ約100g)

のと考えられます。

鉄器は、武器や農具として使われました。これは、朝鮮から直接持ってきたものであり、やがて日本でも作られるようになりますが、その数も少なく、ほとんどの道具は、石器や木器を使っていました。

むらからくにへ

稲作がはじまると、人びとは平地に定住してむらをつくるようになりました。しだいに貧富の差ができ、豊かなものは貧しい人びとを使って、水田を開き、大きな力をもつようになり、やがてむらの支配者になりました。大きなむらは、より多くの水田と奴れいを手に入れるために、小さなむらを攻めとってより大きくなり、紀元前後には、各地に小さな「**くに**」がいくつもつくられました。

第2章

三国時代と日本

100	200	300	400	500	600

弥生時代 ／ 古墳時代 ／ 飛鳥時代

小国分立

卑弥呼、魏に使者

漢字・技術の伝来

仏教伝来

聖徳太子摂政

遣隋使

遣唐使

百済の建国

新羅の建国

高句麗・楽浪郡を滅す

仏教の伝来

新羅・伽倻諸国を併合

高句麗、薩水で隋軍を破る

漢の4郡 ／ 高句麗 ／ 三韓 ／ 三国時代(高句麗・百済・新羅)

⇧**金銅弥勒菩薩半跏思惟像**(大韓民国国立中央博物館) 7世紀，百済時代に作られたもの

⇧**木造弥勒菩薩半跏思惟像**(京都市広隆寺) 新羅から聖徳太子におくられたものといわれている。

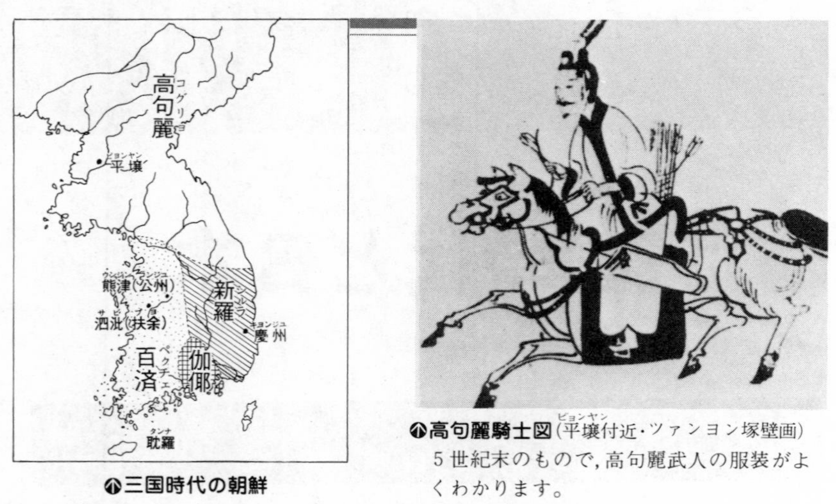

三国時代の朝鮮

高句麗騎士図(平壌(ピョンヤン)付近・ツァンヨン塚壁画)
5世紀末のもので,高句麗武人の服装がよくわかります。

1 三国時代の朝鮮半島

高句麗(コグリョ)・新羅(シルラ)・百済(ペクチェ)の三国

漢が古朝鮮(コヂョソン)をほろぼして四郡をおいたころ、漢と四郡の連絡通路をさえぎる位置に、**高句麗**(コグリョ)が国をつくり大きくなっていきました。高句麗(コグリョ)の人びとは、馬に乗って狩りをし、戦いにも騎馬の強力な軍隊をもっていました。高句麗(コグリョ)は**鴨緑江**(アムノッカン)中流の国内城(クンネソン)を中心にして、漢と戦いながらも周辺の国ぐにをしたがえていきました。313年には,楽浪郡(ナンナン)をほろぼして、朝鮮半島から漢の勢力を完全に追い出し、**大同江**(テドンガン)流域にまで領土を広げました。4世紀のおわりごろには仏教を受け入れ、学校をたて、法律をつくって国内政治をととのえ、強力な国になりました。

いっぽう、朝鮮半島南部は、小さなくにぐににわかれていましたが、高句麗(コグリョ)の影響を受けて、百済(ペクチェ(くだら))、新羅(シルラ(しらぎ))の二つの大きなくにまとまっていきました。

➡騎馬人物像
(慶北,慶州金鈴塚出土)
5～6世紀新羅武人の土器です。

自鳴鼓の伝説

楽浪の大守(今の知事にあたる)、崔里の娘の楽浪公主は、高句麗の王子、好童に恋をしました。そのころ、楽浪の武器庫には、敵が攻めてくると自然に鳴りだす自鳴鼓という太鼓がありました。楽浪公主は、好きな好童のためにこの太鼓の皮を切りさいて鳴らなくしてやりました。そのため高句麗軍が攻めてきたとき自鳴鼓はならず楽浪はほろぼされてしまったといいます。

1世紀にはいって，**漢江**流域におこった**百済**は、南西部の小国を統一し、3世紀には国としての体制もととのい、南方に領土を広げていきました。百済は、気候に恵まれていたうえ、ため池や用水路をつくって稲作が発達し、製鉄や養蚕もすすんだ豊かな国でした。

4世紀になると、東北部の**慶州**地方で**新羅**が勢力をもってきました。三国の中ではもっともおくれてできた国ですが、鉄を産し、農耕が発達して栄えました。4世紀ごろ朝鮮半島はほぼこの三国にまとめられたので、この時代を**三国時代**といいます。

和白（ファベク(わはく)）

中国の書物の『新羅伝』によると、新羅(シルラ)では王を新しく決めるとか、外国と戦争をはじめるなど国の重要なことを決めるときには、貴族の代表が集まって会議を開き、全員が賛成しないと決定できないという制度がありました。これは王のわがままな政治をおさえるという役割をはたしていました。この会議は、都の慶州(キョンジュ)の東西南北にある4つの霊山(れいざん)でひらかれました。

三国時代の社会は、**王族・貴族・平民**の3つの身分にわかれ、その下に**奴(ど)れい**がいました。

王は貴族に土地をあたえ、貴族をひきいて政治をとりました。貴族は国と王に忠誠をつくし、役所の重要な地位や軍隊の司令官になりました。国民の大多数をしめる平民は、主に農業をしていましたが、なかには商人や手工業の職人になるものもいました。三国の政治や社会のしくみは、よくにた中央集権の強いもので、きびしい法律でとりしまりました。しかし新羅(シルラ)の貴族は、もとの小国の王の子孫であって力が強く、古くから国の重要なことを決めるときは、和白(ファベク(わはく))という貴族の代表者の会議でおこなうという制度がとられていました。

三国のあらそい

三国は、それぞれ国力が強くなるにつれて、争いがはげしくなっていきました。

高句麗(コグリョ)は、4世紀末から5世紀にかけての**広開土王**(クワンゲト)（好太王）のときに全盛期をむかえて、四方に勢力をのばし、北は黒龍江（アムール川）以東から、南は漢江(ハンガン)にいたる広い領土を手に入れました。その子長寿王(チャンス)は、さらに南に

広開土王(クワンゲト)の功績を記念した青銅のつぼ（左：全体，右：底部，慶州(キョンジュ)出土）　つぼの底に広開土王（好太王）の功績を記念してつくったと記されています。

新羅(シルラ)の花郎徒(ファランド(かろうと))

花郎(ファラン)の訓練

北漢山(プッカンサン)の巡境碑(じゅんきょうひ)　真興王(チヌン)が新しく手に入れた領土に建てた記念碑。

新羅(シルラ)は、国を守り発展させる中心となる青少年を育てるために、貴族の子弟を集めて教育と訓練の組織をつくりました。この花郎徒(ファランド)は、**花郎**(ファラン(からう))と**郎徒**(ナンド(ろうと))からなり、きびしい集団生活をおこない、学問と武術をみがき、父母に孝、国に忠誠をつくす精神を身につけさせました。いったん戦争になると、生命を投げすてて国につくす戦士団となり、新羅(シルラ)の発展と統一の中心的役割をはたしました。

高句麗(コグリョ)にも花郎(ファラン)ににた扃堂(キョンダン(けいどう))という制度がありました。

進み、都を国内城(クンネソン)から**平壌**(ピョンヤン)に移して、百済(ペクチェ)を漢江(ハンガン)流域から追いだしました。

百済(ペクチェ)は、強力な高句麗(コグリョ)軍の攻撃から逃れるために、都を漢江(ハンガン)流域の慰礼城(ウイレソン)から南の熊津(ウンジン)（今の公州(コンジュ)）に移しました。

6世紀に入り聖王のときに、さらに南の泗沘（今の**扶余**）に移って国力をたくわえるとともに、中国の揚子江流域の国ぐにと親しく交わって、国を守ろうとしました。また新羅と結んで、高句麗にうばわれていた漢江下流をとりかえしました。

新羅は、外国からほとんど侵略を受けることもなく、国内の政治に力を入れ、国力をたくわえていきました。

6世紀後半の真興王のとき、百済と力を合わせて高句麗と対立し、もと百済の領土であった漢江上流をうばいました。その後、百済がとり返した漢江下流までを新羅がうばいとったために、百済と対立するようになりました。

いっぽう、多くの小国に分かれていた南の**洛東江**流域の**伽倻地方**は、力を合わせて新羅と戦いましたが、6世紀の半ば、ついに新羅に併合されてしまいました。

隋・唐の侵略と高句麗の抵抗

中国は、4世紀に北方の遊牧民が侵入して国を建て、漢民族は南に追われました。5～6世紀の中国は、南と北に分かれて対立した南北朝時代がつづきました。南北朝は、6世紀末に**隋**によって統一されました。

建国以来、中国の侵略と戦ってきた高句麗は、またも隋の侵入にそなえねばなりませんでした。隋は、20年間に前後4回も高句麗に侵入してきました。とくに612年、隋の煬帝は、100万をこえる大軍で陸と海から攻めこんできました。高句麗軍は、**乙支文徳**の指導のもとに各地で反撃し、遼東城の攻防は5か月にわたり、また大同江に上陸して平壌城を攻めた隋の水軍もやぶりました。煬帝は、あわ

薩水の戦い 612年乙支文徳が薩水(清川江)で隋軍に大勝しました。

乙支文徳

612年、100万をこえる隋の大軍が高句麗に攻め入りました。このとき、乙支文徳将軍は、たくみな戦法で水も食料もない平原に隋軍をさそいこみました。都の平壌を目の前にしながら、飢えと疲れのため隋軍は、やむなく引きあげはじめました。それを薩水（今の清川江）で待ちうけ、全滅させました。これを**薩水大捷**といいます。

てて大軍を鴨緑江をこえて侵入させましたが、乙支文徳のたくみな戦法と勇かんな戦いによって、薩水で隋軍を全滅させました。隋は、これらの大遠征の失敗や重税によって人民の不満が高まり、内乱がおこってほろびました。

7世紀初め中国を統一した**唐**は、大帝国をきずきあげると高句麗をねらいはじめました。高句麗は、淵蓋蘇文の指揮のもとに黒龍江にそって千里の長城をきずいて守りを固めました。645年、唐は太宗みずから17万の大軍をひきいて攻めこんできました。その後も唐は、たびたび侵略をくりかえしましたが、そのつど敗れて逃げ帰りました。

高句麗が隋・唐と戦っているとき、侵略を受けなかった百済・新羅は、国力をたくわえて発展していきました。

定林寺石塔(ジョンリムサ)（忠南・扶余(プヨ)）百済時代を代表する五層の石塔です。

芬皇寺石塔(ブンファンサ)　634年に建立，もとは9層であったが壬辰倭乱(イムジンウエラン)で破壊されて現在は3層が残っています。

異次頓(イチャドン)の死

新羅(シルラ)の法興王(ホブン)（514～539）は、仏教を国教にしたいと考えていましたが、家臣の反対にあって困っていました。それを聞いた家臣の異次頓(イチャドン)が、「王の命令だといって寺を建てますから、私が嘘(うそ)を伝えたとして、首をはねてください。必ず仏の霊験(れいけん)があるでしょう。」と王に申し出ました。

翌日から寺づくりの準備をはじめた異次頓(イチャドン)に、大臣たちは怒り、王に異次頓(イチャドン)を斬るようさわぎ立てました。王は次頓(チャドン)の首を斬らせました。その時、斬られた首からは、乳色の血が空高く飛びちりました。同時に空は真(ま)っ暗(くら)になり、大地は震動(しんどう)し、空からは花の雨が降ってきました。また木は折れ、泉が枯(か)れ、魚ははね、猿(さる)の群(む)れが泣き叫びました。

このようすをみて、仏教に反対した大臣達はふるえ出しました。

こうして王は、仏教を自由に信じるようにし、寺も自由に建てるようにしました。

（『三国遺事』より）

三国時代の文化

372年、中国から高句麗(コグリョ)に仏教が伝えられると、王や貴族は国をまもる宗教として保護しました。そのため各地に寺院が建てられ、**仏教文化**が栄えるようになりました。

それから間もなく百済(ペクチェ)に（384年）、かなりおくれて新羅(シルラ)に（528年）、仏教が伝わり、寺院建築・仏像・工芸などの

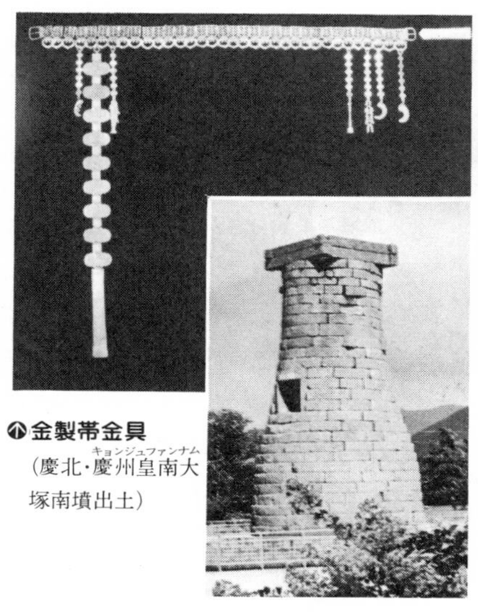

⇧金製帯金具（慶北・慶州皇南大(キョンジュファンナム)塚南墳出土）

⇦瞻星台(チョムソンデ(せんせいだい))（慶北・慶州(キョンジュ)）647年につくられた東アジア最古の天文台で，日食なども観測したといいます。

⇧百済武寧王陵(ムニョン)**の内部**（忠南・公州(コンジュ)）
百済第25代の王（501～523）陵。

⇩天馬塚壁画（慶州・天馬(チョンマ)塚）

⇩高句麗の壁画（模写）中国通溝・舞踊(ムヨン)塚
4世紀末に描(えが)かれた狩りのようすです。

仏教文化も伝えられました。

　仏教とともに正式に漢字が伝わり、**儒教**(じゅきょう)という学問も学ぶようになりました。高句麗(コグリョ)や百済(ペクチェ)では学校がつくられ、百済(ペクチェ)では歴史の書物もつくられるようになりました。日本に漢字や仏教・儒教を伝えたのは、この百済(ペクチェ)です。

　王や貴族の**古墳**から出土した金冠や金の帯をはじめ、壁画・石塔・それに金銅仏などに、三国時代の仏教文化の高さをみることができます。こうした文化が日本に伝えられ、古墳時代や飛鳥時代の文化に大きな影響をあたえました。

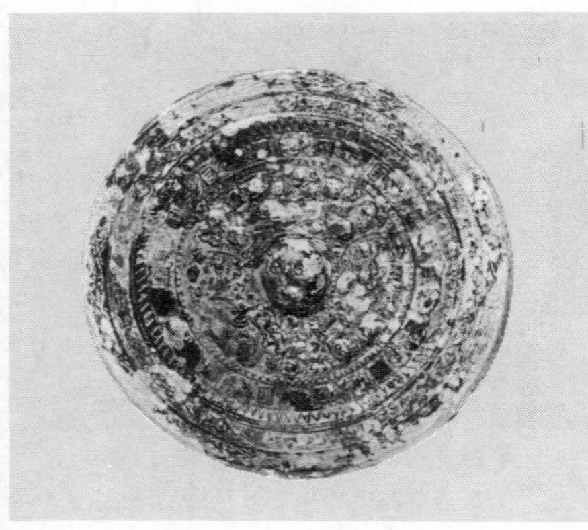

⊲景初3年(239)製の魏の鏡(大阪府黄金塚古墳出土)
卑弥呼が魏の王からあたえられた銅鏡といわれています。

2 朝鮮半島からの渡来人と倭国

邪馬台国

中国の古い歴史書『魏志倭人伝』によると、日本は**倭**とよばれていました。3世紀に「倭国は多くのくにに分かれていたが、そのなかでもっとも強い**邪馬台国**は、女王**卑弥呼**が支配して、たびたび魏に使いを送ってきた。邪馬台国は、稲や麻を植え、蚕をかい、役人をおいて税をとり、法律をつくって裁判もおこなわれていた。」と書かれています。

邪馬台国は、大和の地か、北九州にあったのか、まだよくわかっていません。しかし、小さなくにが、しだいに大きくまとまっていったようすがわかります。

朝鮮からの渡来人

朝鮮半島で、三国の争いがつづいていた4世紀末から5世紀にかけて、多くの朝鮮の人びとが日本に渡ってきました。これらの人びとを**渡来人**といいます。こののちも、百済が高句麗に追われて都を熊津（今の公州）に移した5世紀後半、新羅と百済が対立した6世紀末、百済・高句麗がほろぼされた7世紀末ごろにも多くの渡来人が日本にきました。

渡来人とその子孫は、朝鮮の進んだ文化や技術を身につけていたので、各地の豪族に重く用いられ、日本の政治・経済・文化の発展に大きな役割をはたしました。

渡来人の伝えた技術と文化

のぼり窯と須恵器
1200℃の高温で長時間焼いた固くてじょうぶな土器です。

新羅の古墳群(慶州)

日本の前方後円墳（奈良県箸墓古墳）

古墳　古墳は土を盛りあげてつくった大きな墓で、3世紀ごろからつくられはじめ、**4～5世紀**にかけてさかんにつくられました。なかでも仁徳天皇陵といわれる**大仙陵**は、世界最大のもので、支配者の力の強大さを物語っています。この大規模な土木工事は、渡来人の土木技術をぬきにして考えられません。古墳をつくるという風習も、朝鮮から伝えられたものです。遺体とともに納められた装飾品・銅鏡・鉄製のよろい・刀・農具などの**副葬品**のなかには、朝鮮半島のものとそっくりなものや、明らかに朝鮮でつくられたと思われるものも、たくさんあります。

土木技術　大古墳をつくりあげた渡来人の高い土木技術は、耕地の開発にいっそう力をはっきしました。渡来人によって、**韓人池**（唐古池）・百済池・狭山池などのため池や用水路がつくられ、水田が開かれました。

新羅からの渡来人**秦氏**は、大阪に茨田の堤をつくって淀川の洪水を防ぎ、水田を開いたといわれています。京都盆地を開発したのも秦氏と高句麗の渡来人高麗氏でした。

須恵器　土器も5世紀後半に、固くてじょうぶで美しい須恵器の製法が渡来人によって伝えられました。これは登りがまをつかって1,000度以上の高温で長時間焼いたもので、水を入れてもしみることがありません。大阪では千里丘陵や泉北丘陵などに多数のかまあとが見つかっています。

その他の技術　製鉄とともに**鍛冶**の技術も伝えられました。鉄製の剣・やり・よろい・馬具などの武器、くわ・かまなどの農具をつくる鍛冶の技術者は、武力と生産力の増強をめざす支配者によって重く用いられました。

渡来人は、このほか**養蚕・はたおり・造船**などの新しい技術を伝え、馬もつれてきました。

漢字　5世紀には**漢字**が伝えられました。しかし漢字を実際に使えたのは、渡来人だけでした。そのため文字を書いたり記録する仕事は、渡来人やその子孫にまかされました。

倭国から大和へ

4世紀から5世紀にかけての倭国のようすは、あまり明らかではありません。しかし大和（奈良県）・河内（大阪府）・吉備（岡山県）・出雲（島根県）・筑紫（福岡県）などの地方には、有力な豪族があらわれて、その地方を支配していたことが古墳の分布からもわかります。このような有力な豪族は**王**とよばれました。なかでも、巨大な前方後円墳が数多くみられる大和，河内地方には、有力な豪族が多くいました。やがて、そのなかの一つが、他の豪族をしたがえて大きな勢力をもつようになりました。そのかしらは**大王**とよばれ、各地に兵を送って、さらにその勢力を広げていきました。

大和の大王が、いつごろ倭国を支配し、統一した政権をつくったかは、5世紀後半とも6世紀中ごろともいわれ、明らかではありません。

朝鮮と倭国の関係

高句麗広開土王碑文(414)

「391年に、倭の軍隊が海を渡って百済、新羅を破り、たびたび高句麗と戦った。広開土王（好太王）(在位391～412) は、新羅をたすけて倭軍を打ち破った」と書かれています。日本では長いあいだ、倭国が百済・新羅を破って支配し、高句麗と戦った。そして倭国は、大和朝廷のことであると解釈してきました。ところが大韓民国、朝鮮民主主義人民共和国の学者、そして日本の学者も、これまでの解釈は誤りであり、「百済は倭国に渡来していた百済系の人びとまで動員して戦った。高句麗はこれをうち破って、新羅まで支配したと解すべきである。」と主張しています。あるいは、碑文の写し方が正確でないとか、また碑文をつくりかえたという意見もあります。

大和政権が九州まで支配するようになるのは6世紀のころであり、4世紀末に朝鮮まで軍隊を送る力も船もありませんでした。倭の軍が侵攻したとしても、九州の豪族であったと思われます。今後の研究がまたれます。

しかし百済が高句麗との対立のなかで、倭国との関係を重くみたことは、石上神宮に伝えられる七支刀によっても知ることができます。

➐高句麗広開土王碑(中国・通溝)　広開土王の業績をたたえるために,414年に建てられました。

➔七支刀(奈良・石上神宮)　この刀は敵兵をしりぞける威力をもつ霊刀で，百済王が倭王におくるという意味のことが刻まれているといわれています。

朝鮮古墳出土品

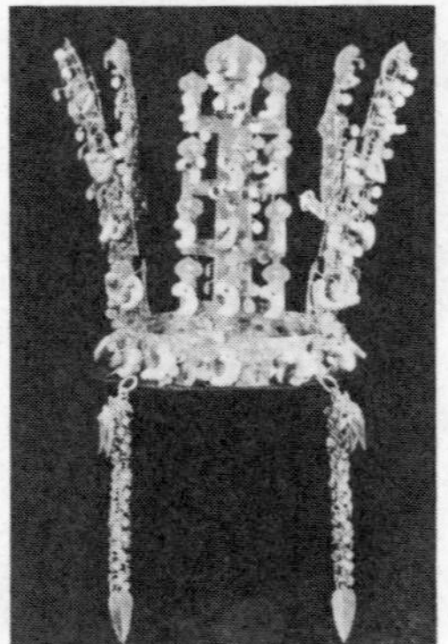

◀金製の冠（慶北，高霊(コリョン)）

▲金製指輪（慶北，慶州(キョンジュ)）

◀金製の冠(かんむり)（慶北，慶州(キョンジュ)，天馬塚(チョンマ)）

▼鉄製よろい（慶南，咸陽(ハミヤン)）

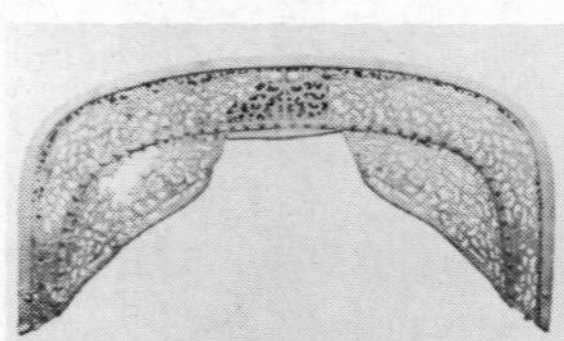

▲金銅製鞍金具(くらかなぐ)（慶北，高霊(コリョン)）

▲金製の垂飾(たれかざり)（慶北，慶州皇南大塚(キョンジュファンナム)）

◀ガラス碗(わん)（慶北，慶州瑞鳳塚(キョンジュスポン)）

◀金製耳飾り（全北，長水(チャンス)，鳳棲里(ポンソリ)）

▲金製飾(かざ)り板（忠南，公州武寧王陵(コンジュムニョン)）

▲青銅製帯金具（慶北，永川漁隠洞(ヨンチョンオウムドン)）

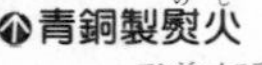

▲青銅製熨火(のし)（忠南，公州武寧王陵(コンジュムニョン)）

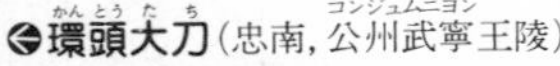

◀環頭大刀(かんとうたち)（忠南，公州武寧王陵(コンジュムニョン)）

日本古墳出土品

← 金銅製の冠（茨城県三昧塚古墳）

← 金銅製の冠（群馬県二子山古墳）

↓ 鉄製のよろい（石川県円山一号墳）

↑ 金製の指輪（福岡県沖の島）

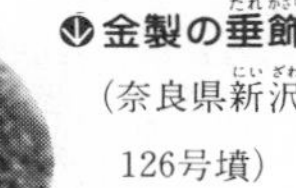

↓ 金製の垂飾（奈良県新沢126号墳）

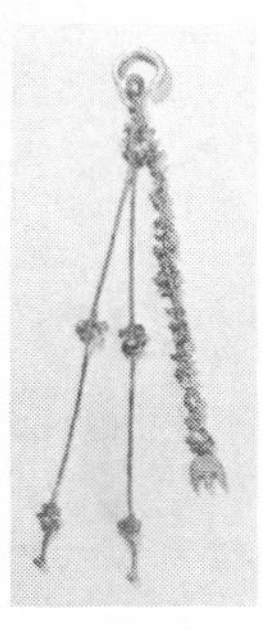

↓ 金銅製鞍金具（大阪府丸山古墳）

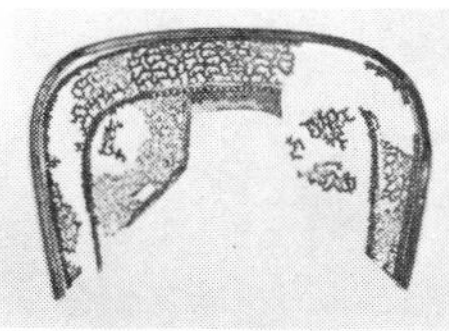

↓ ガラスの皿（奈良県新沢126号墳）

→ 金製飾り板（奈良県新沢126号墳）

← 金製耳飾（兵庫県西宮山古墳）

↓ 青銅製熨火（奈良県新沢126号墳）

← 青銅製帯金具（岡山県榊原古墳）

← 環頭大刀（大阪，海北塚）

石舞台(いしぶたい)古墳(奈良県明日香(あすか)村)　蘇我馬子の墓といわれています。

③ 渡来人と飛鳥文化

蘇我氏と仏教

6世紀にはいって、**蘇我氏**は大王(おおきみ)とのつながりを強めて大きな勢力をもつようになりました。蘇我氏のいた飛鳥地方には、製鉄・建築・工芸・養蚕・織り物などの技術をもった百済(ペクチェ)系の渡来人東漢氏(やまとのあやうじ)が、住んでいました。蘇我氏は東漢氏と結んで、その進んだ知識や技術を学び、朝鮮のようすや政治のし方についても学んでいました。538年、百済(ペクチェ)から**仏教**が伝えられると、蘇我氏は熱心に仏教をとり入れようとしました。

これに反対した物部氏とのあいだに戦いがおこり蘇我氏が勝利をおさめ、仏教が栄えるようになりました。それは単に仏教信仰や仏教文化だけでなく、新しい政治のやり方をとり入れようとしたものでした。

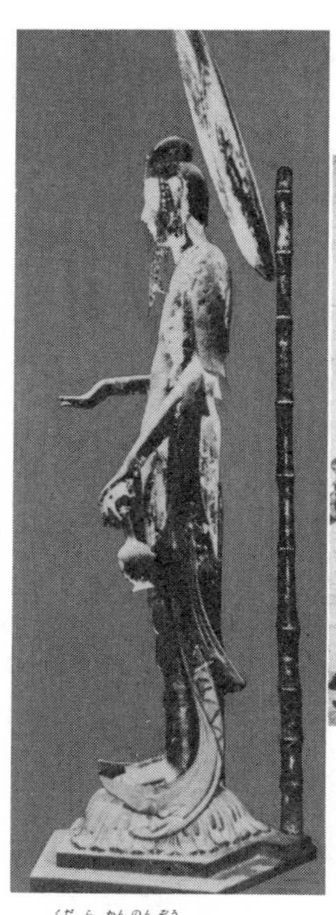

百済観音像(くだらかんのんぞう)(法隆寺)
百済から伝えられたものといわれています。

聖徳太子(宮内庁蔵)
中央が聖徳太子，日本最古の肖像画(しょうぞうが)です。百済の阿佐太子の描(えが)いたものといわれています。

釈迦三尊像(しゃかさんぞんぞう)(法隆寺)
聖徳太子のめい福を祈って鞍作止利(くらつくりのとり)につくらせたものです。

四天王寺(古絵図)
聖徳太子の建立された寺で，中門，塔，金堂が，南北一直線に並ぶ百済の様式を伝えています。

聖徳太子と飛鳥文化

蘇我氏の血をひく**聖徳太子**(しょうとくたいし)が摂政(せっしょう)になると、蘇我氏とともに冠位(かんい)十二階を定め、十七条憲法をつくって天皇中心の政治をつくりあげようとしました。天皇という名が使われるようになったのもこのころからです。太子は高句麗(コグリョ)の僧**慧慈**(ヘジャ(えじ))から仏教を、百済の覚哿(カツカ)に学問を学ぶとともに、隋に使者を送り、中国文化をとり入れようとしました。このとき**遣隋使**とともに多くの留学生や僧を送り、仏教や政治のやり方を学ばせました。そのほとんどは、渡来人の子孫でした。

⬅**法隆寺**(奈良県)一度焼失後，再建されたものといわれていますが，現存する世界最古の木造建築物です。

⬇蘇我馬子が，百済系渡来人の子孫鞍作止利に作らせました。飛鳥寺の最初の住職は，高句麗の恵慈と百済の慧聡でした。

飛鳥大仏

蘇我氏が、一族の繁栄を願って建てた法興寺(飛鳥寺)は、高句麗の金剛寺と同じ様式で百済をつうじて伝わったと考えられます。その本尊の釈迦如来（飛鳥大仏）は、百済系渡来人の子孫、**鞍作止利**の作で、日本最古の仏像です。当時の人びとは、おごそかな仏の姿におどろいたのはもちろん、瓦ぶきの屋根、赤や青でぬられた柱、白壁づくりのお寺にも目を見はりました。

飛鳥大仏(飛鳥寺)

聖徳太子は、百済から技術者をまねいて、**四天王寺**や**法隆寺**を建てました。他の豪族たちも、きそって寺を建てました。この時代の文化を飛鳥文化といいます。飛鳥文化は、朝鮮半島からの渡来人、またはその子孫を中心にしてつくられたものです。

当時の朝鮮文化は、中国・インド・ペルシャ・ギリシャの文化を吸収して、朝鮮独自のものにつくりあげていたため、飛鳥文化にもその影響が強くあらわれています。

第3章

新羅・渤海と日本

700	800	900
飛鳥時代	奈良時代	平安時代

大化改新
遣新羅使
白村江(はくすきのえ)の戦
平城京
大宝律令
東大寺大仏開眼
平安京
坂上田村麻呂(さかのうえのたむらまろ)の東北出兵
摂関政治
遣唐使廃止

百済滅ぶ
高句麗滅ぶ
新羅の統一
渤海(パルヘ)の建国
後三国
高麗の建国

三国時代	新羅
	渤海

↑仏国寺(プルグッサ)　豊臣秀吉の侵略によって焼きはらわれ，当時のものは，石橋，多宝塔などの石造品しか残っていません。

白馬江と落花岩(扶余)
百済滅亡のとき官女3000人がこの岩の上から身を投げたと伝えられています。

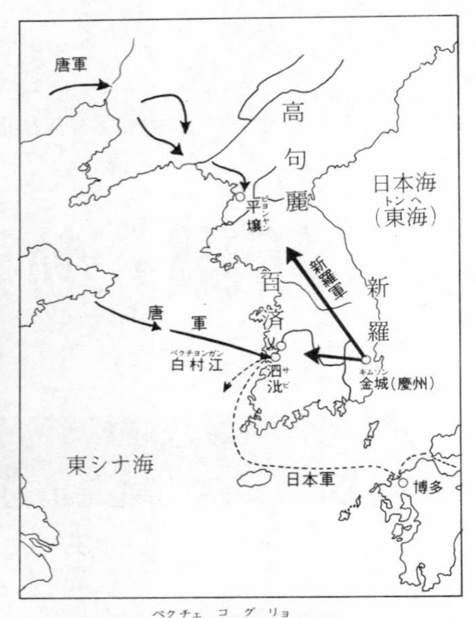

百済・高句麗の滅亡

1 新羅の発展と渤海

百済・高句麗の滅亡

百済は新羅に漢江流域をうばわれたために、高句麗と結んで新羅を攻めました。

孤立した新羅は、高句麗と対立していた唐と結んで、海と陸から百済を攻めました。都の泗沘(扶余)は落城して、国王は捕えられ、660年百済はほろびました。その後、百済を復興しようとした人びとは、日本にきていた百済の王子を国王に迎えようとしました。日本は、王子に多数の軍隊をつけて百済に送りました。日本軍は、663年**白村江**で新羅・唐の連合軍と戦いましたが敗れました。

新羅・唐の連合軍は、さらに高句麗を攻め、668年ついに平壌は落ち、高句麗もほろびました。

金庾信将軍（595～673）　花郎出身で，百済，高句麗を滅ぼし唐軍を破った名将です。

新羅時代の朝鮮

渤海
北原小京（原州）
中原京（忠州）
西原小京（清州）
金城（慶州）
南原小京（南原）
金海小京（金海）

新羅の三国統一

唐は新羅と結んで、百済・高句麗をほろぼした後も、大軍をそのまま残して、泗沘（扶余）と平壌に唐の役所を置いて直接支配をつづけ、ついで新羅の勢力を分裂させて、全朝鮮の支配にのりだしてきました。そのため新羅は、670年もとの百済・新羅の人びとと力を合わせて唐に戦いをいどみました。新羅は、百済の地をとりもどしましたが、唐は大軍で新羅を攻めました。６年におよぶ戦の末、新羅はついに唐軍を破り、唐軍は引きあげ、平壌の役所を遼東に移しました。

こうして新羅は、**大同江**以南の地を統合しましたが、高句麗の大部分の領土は新羅領にはなりませんでした。

この唐との長い戦いを通じて、新羅の人びとと百済、高句麗の人たちは、**同じ民族**であるという自覚を強め、経済・文化のうえでも一つにまとまっていきました。この新羅を三国時代の新羅と区別して、**統一新羅**とか**統合新羅**ともいいます。

新羅の発展

新羅は、これまで三つに分かれていた民族を一つにまとめる努力をつづけ、その後100年あまり全盛期をむかえました。

政治のうえでは、唐にならって、**律令**という法律にもとづいて国王を中心にした政治のしくみをととのえ、貴族をおさえて国王の力を強化しました。全国の**土地を国有**にし、役人にはその職に応じた土地をあたえ、農民には丁田をあたえて耕作させ、かわりに国に税を納めさせました。そのため3年ごとに人口・土地・家畜・果樹などを調べました。また、産業の発達をはかったため、手工業や商業もおこり、都の**慶州**では、屋根はかわらでふかれ、道路は石やレンガで舗装されて、市もたつようになりました。

しかし貴族の力が強く、やがて貴族や寺院の私有地をみとめたため、私有地は増加して国の財政も苦しくなっていきました。

この時代は、対外的にも平和がつづき、唐や日本とも貿易や使節の交流をおこないました。多くの学者や僧が唐に渡り、唐文化をもち帰りました。なかでも**慧超**は、唐から遠くインド・ペルシァまでいきました。唐に渡った新羅商人は、港に**新羅坊**(シルラバン(しらぎぼう))という新羅人の町をつくり、唐やアラビア商人との貿易にあたりました。

渤海の建国と発展

高句麗がほろんだあとも、中国東北地方では、高句麗の再建にむけて根強い抵抗をつづけ、唐と戦っていた人びとがいました。この人びとは、かつての高句麗の将軍**大祚栄**を中心に近くの部族をあ

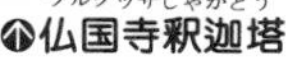

⬆仏国寺釈迦塔(プルグッサしゃかとう)

⬆仏国寺多宝塔(プルグッサ)　創建(そうけん)当時のまま残された朝鮮で最も美しい変化に富んだ石塔です。

わせて、699年**渤海(パルヘ)**を建国しました。渤海(パルヘ)は、高句麗(コグリョ)をうけついだ国だといって唐と対立し、新羅(シルラ)とも交流をしませんでした。渤海(パルヘ)は8世紀には旧高句麗(コグリョ)の大部分と中国東北部から沿海州におよぶ大きな国をつくりました。唐と平和関係ができると、渤海(パルヘ)は唐文化を積極的に受け入れました。

都の**上京(サンギョン)**（東京城(トンギョンソン)）は、唐の長安を見ならってつくられ、中国人から「海東(かいとう)の盛国(せいこく)」といわれました。しかしその文化は、高句麗(コグリョ)の文化を受けついだものでした。

新羅(シルラ)の文化

新羅(シルラ)は独自の文化のうえに百済(ペクチェ)、高句麗(コグリョ)の文化を取り入れ、また唐文化も受け入れながら**朝鮮文化**としてまとめあげ発展させました。

新羅(シルラ)は、政治には**儒教**の考えを取り入れ、**仏教**も国を守

← **石窟庵石仏**

↓ **石窟庵**　丸い天井を石で組みあげた建築技術の高さと釈迦如来の石仏の美しさは新羅文化を代表するものです。

元暁大師

元暁大師は仏教の修行に中国へ行く途中、墓場で一夜をすごしました。眠っていてのどがかわいたため、近くの水を飲み、翌朝目がさめると、その水は骸骨にたまっていたきたない水だとわかりました。元暁は思わずはき出そうとしましたが、知らなければ飲めた水も、骸骨の水だとわかれば飲めなくなることから、ふとさとりをひらき「心があってはじめて形やきまりができるので、心が死んだら骸骨とかわりがない。」という釈迦のことばを思い出し、旅をとりやめて新羅に帰りました。自分自身で修行し、海東宗を開き、大衆と苦楽を共にしながらぼろを身にまとって説教し、子どもには歌で経文を教えるなどして仏教を広めました。1千巻あまりの著書が残っています。

るものとして保護しました。

また文化は、都の慶州だけでなく、地方にも広がりました。それは貴族中心の仏教が、民衆のあいだにまで広がっていったためです。その中心的な役割をはたしたのが、**元暁**大師でした。

エミルレの鐘

聖徳王(ソンドク)の神鐘(しんしょう)　771年につくられた朝鮮最大の鐘でエミルレの鐘ともいわれています。／右：神鐘の彫刻

聖徳王(ソンドク)の冥福(めいふく)を祈って名匠(めいしょう)里上宅下典(イサンテクハジョン)に命じて、神鐘(しんしょう)をつくらせることにしました。しかし何度つくっても失敗するので、下典(ハジョン)は困りはててしまいました。そこで国中(くにじゅう)の僧侶が村むらをまわって、国中の人びとのお布施(ふせ)をあつめ、神仏に祈ってつくろうということになりました。

ある村でのことです。僧侶が一軒の家をたずねたところ、「貧(まず)しくて何もさしあげるものがありません。ただ一つの宝物、私の娘をさしあげます。どうぞお役にたててください。」と、幼(おさな)い娘をさし出しました。僧侶は意外なことばに驚きましたが、申し出をうけ、その娘を人柱(ひとばしら)にたてたのです。

こうして幼い娘は「エミルレー」(お母さん）のさけびを残して、真赤にとけた銅にのまれて鋳型(いがた)の中に消えました。771年、神鐘はみごとに出来あがり、鳴り響きました。しかしその響きは「エミルレー、ウリエミルレー」(母さん、私の母さん）と聞こえます。それからだれ言うとなく、「エミルレの鐘」とよばれるようになりました。

また漢字の音(おん)や訓(くん)をかりて朝鮮語をあらわす**吏読**(リト（りとう）)という文字がつくられました。新羅(シルラ)を代表する芸術としては、**仏国寺**(プルグッサ（ぶっこくじ）)と**石窟庵石仏**(ソックラム（せっくつあん）)があります。仏国寺の釈迦塔(しゃかとう)から発見された陀羅尼経(だらにきょう)は、8世紀ごろに印刷された世界最古の木版印刷です。

江西（カンソ）大墓青竜壁画

高松塚青竜壁画　高句麗壁画の影響がみとめられます。

2 律令国家への歩みと朝鮮

大化改新

聖徳太子の死後、蘇我氏の力がますます強まり、やがて天皇をしのぐほどになりました。そこで中大兄皇子（なかのおおえのおうじ）と中臣鎌足（なかとみのかまたり）は、唐の政治や文化を学んで帰ってきた留学生とはかって、645年蘇我氏をほろぼしました。これを**大化改新**といいます。唐にならった政治改革は、701年の**大宝律令**によってまとめられ、古代国家の体制がととのいました。中央に二官八省、地方には国司（こくし）・郡司（ぐんじ）をおいて政治をおこない、北九州には**太宰府**（だざいふ）をおいて外交と国防にあたらせました。

戸籍をつくって班田収授（はんでんしゅうじゅ）の法をおこない、租（そ）・庸（よう）・調（ちょう）の税制、**防人**（さきもり）などの兵制をととのえ、これまでの豪族は、中央や地方の役人になり貴族とされました。

新しい渡来人

このころ、新羅（シルラ）にほろぼされた**百済**（ペクチェ）・**高句麗**（コグリョ）から、たくさんの人びとが日本に渡ってきました。この渡来人には、百済（ペクチェ）や高句麗（コグリョ）の貴族や学者・技術者なども多く、朝廷ではこれらの人びとを心よ

⇧高麗神社（埼玉県）　この地方を開いた高麗王若光（こまのこきしじゃっこう）をまつり，今も宮司（ぐうじ）の姓は高麗（こま）といいます。

⇧法隆寺壁画　高句麗の僧曇徴（ダムジン）の筆といわれています。曇徴（ダムジン）は絵具や紙・墨の製法も伝えました。

⇦高麗王若光の墓（こまのこきしじゃっこう）（埼玉県）
門の扉に「高麗王廟（こうらいおうびょう）」とあります。

く迎えました。渡来人は、日本各地で開拓（かいたく）をしたり、技術を生かした仕事についたり、学者となりました。これらの渡来人の手によって、高安城（たかやす）（大阪府八尾市）をはじめ、多くの**朝鮮式山城**がきずかれ、新しい製鉄方法や水時計が発明されました。

法隆寺壁画・高松塚古墳の壁画がえがかれたのもこの時期です。

新羅（シルラ）と日本との交わり

日本は、白村江（ペクチョンガン）の戦いで、唐・新羅（シルラ）の連合軍に敗れてのち、新羅（シルラ）の侵攻を恐れて壱岐（いき）・対馬（つしま）や北九州に防人（さきもり）をおき、北九州や瀬戸内には、百済（ペクチェ）の渡来人に朝鮮式山城を築かせ、のろし台をつくって守りを固めました。

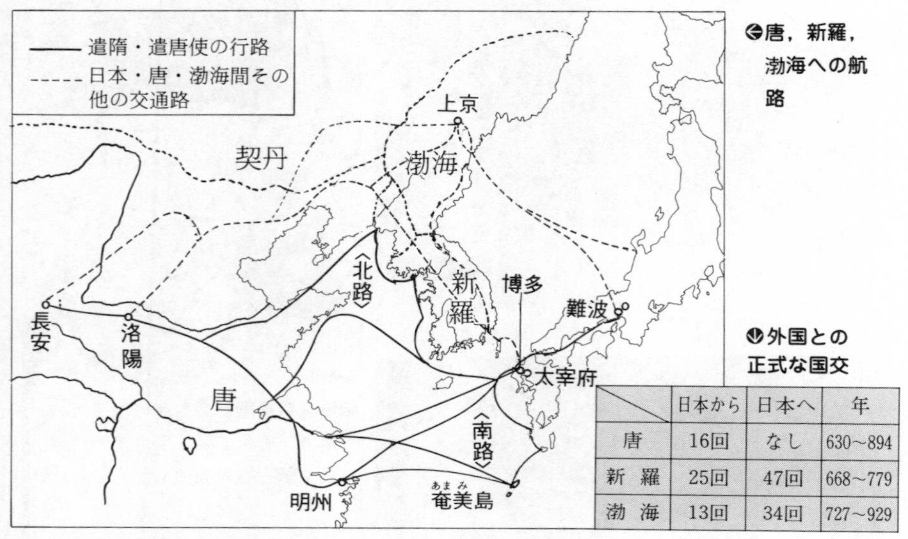

唐，新羅，渤海への航路

外国との正式な国交

	日本から	日本へ	年
唐	16回	なし	630～894
新　羅	25回	47回	668～779
渤　海	13回	34回	727～929

新羅（シルラ）と唐の対立がはじまると、両国はともに日本を敵にまわさないようにするために、唐の使いが、ついで新羅（シルラ）の使いがきて、日本との国交回復をもとめました。

日本もこれに応じて、**遣唐使**（けんとうし）**、遣新羅使**（けんしらぎし）を送りました。

遣唐使は、ふつう4そうの船に数百人が乗りこんでいきましたが、当時の船と航海術では大変危険（きけん）な旅で、遭難（そうなん）することもたびたびありました。それでも、唐の政治・文化を学びとるため、命がけで出かけていきました。使節や留学生の行き来が多かったのは、唐よりもずっと航海の安全な**新羅**（シルラ）と**渤海**（パルヘ）でした。しかし新羅（シルラ）は、唐と国交を回復（かいふく）すると、日本とそれほど親しくする必要を感じなくなりました。日本も新羅（シルラ）の使節を都ではなく大宰府（だざいふ）で接待するようになって、両国の関係はしだいに遠のき、8世紀の末には、国交が絶えました。しかし新羅（シルラ）の商人たちは、その後も大宰府にきて貿易をつづけました。

⬆和同開珎
渤海の都からたくさん出土し，日本との貿易がさかんだったことがわかります。

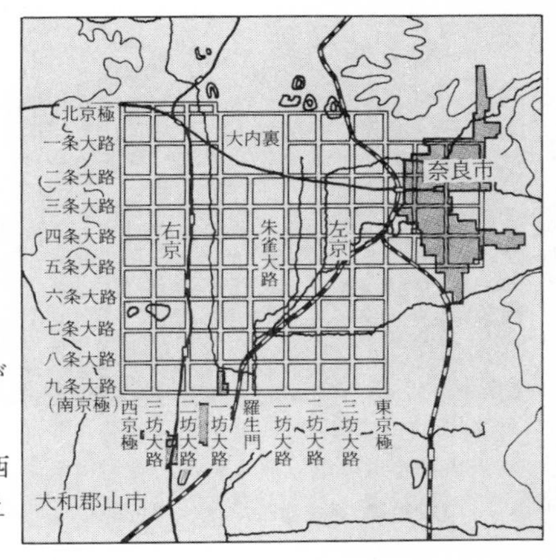

➡平城京　長安を手本にしてつくられた東西4.2km，南北4.7kmの都で，天平文化が栄えました。

③ 天平文化と渡来系氏族

平城京

国の政治のしくみがととのい、天皇の力が強くなると、それにふさわしい都づくりがはじまりました。710年、唐の都長安をまねてつくった**平城京**に都をうつしました。長安の４分の１の大きさですが、ごばんの目のように道路で区切られ、赤い柱・白い壁・青いかわら屋根の宮殿や貴族の屋敷・大寺院がならび、人口20万をかぞえ、市がひらかれ、**和同開珎**という最初の貨幣もつくられました。

〝青丹よし　奈良の都は　咲く花の　にほふがごとく今さかりなり〟とうたわれたように平城の都は栄え、天平文化の花を咲かせました。

しかし都の繁栄に反し、農民は租・庸・調という重い税や労役を負わされて、生活は貧しく生きるのが精いっぱいという状態でした。

そのため口分田を捨てて貴族や社寺の私有地に逃げた

土塔(大阪・堺市)　行基が建立した大野寺の土塔で木造の塔以前の一番古い形の塔です。

行基(奈良唐招提寺) 13世紀中ごろに作られた木像です。

り、戸籍をいつわったり、かってに僧になるものもあらわれ、早くも律令制は、くずれはじめました。

行基の布教

奈良時代の仏教は、国を守る宗教と考えられ、僧は寺にとじこもってひたすら国の繁栄と平安を祈るものとされていました。百済からの渡来人の子孫である**行基**は、これまでのような寺での修行や学問にあきたりず、諸国をまわって民衆への布教をおこないました。

また、行基はすぐれた土木技術をもっていて、各地に橋や堤・ため池・水路などをつくり、人びとを救いました。

行基が春日野で説法をする日には、1万人をこえる人びとが救いを求めて集まったといいます。朝廷では、最初「人心をまどわすもの」として、行基の活動をおさえようとしました。しかし、行基をしたう人はふえるばかりです。朝廷も行基の力を無視することができなくなり、のちには大僧正にして大仏づくりの協力を求めました。また義淵や良弁などの有名な僧も、渡来人の子孫でした。

⇧**四聖御影**(奈良東大寺)　中央が聖武天皇，左が良弁，右上がボジセンナ，右下が行基。

⇨**東大寺の大仏**　2度の兵火にみまわれ、江戸時代に再度修復されましたが，台座の一部は奈良時代のものです。

大仏開眼(かいげん)

8世紀の中ごろになると、貴族のあいだに争いがおこり、また凶作(きょうさく)がつづき、伝染病(でんせんびょう)がはやりました。重い税や労役(ろうえき)に苦しむ農民の中には、口分田(くぶんでん)をすてて寺社や貴族の私有地に逃げだすものもあらわれ、律令(りつりょう)政治の土台がぐらつきはじめ、社会不安が高まりました。

聖武(しょうむ)天皇は、仏教の力によって国の平安を守り、社会不安を解決しようとして、国ごとに国分寺(こくぶんじ)と国分尼寺(こくぶんにじ)をつくり、都に**東大寺**を建て**大仏**をつくるように命じました。天皇は民衆に「大仏づくりのために、一枝の草、一握(にぎ)りの土でも持ちより協力するよう」に呼びかけました。百済(ペクチェ)の渡来人の子孫である仏師**国中公麻呂**(くんなかのきみまろ)を総監督(そうかんとく)にし、民衆の支持のあつい行基(ぎょうき)を大僧正(だいそうじょう)に任命して、国力のすべてを傾けた大仏づくりがはじめられました。この大事業には、

200万人以上の労働力が必要です。それを労役(ろうえき)として集めるのはよういなことではありません。行基を大僧正にしたのは行基と彼につきしたがう多数の民衆を協力させるためでした。大仏殿づくりの大工(だいく)の責任者**猪名部百世**(いなべのももよ)、できあがった大仏にぬる金を集めた**百済王敬福**(くだらのこきしきょうふく)も、いずれも百済(ペクチェ)から渡来した人の子孫でした。ようやく6年後に大仏は完成し、752年盛大な**開眼供養**(かいげんくよう)がおこなわれました。

1万人の僧が読経するなかで、インドの僧が大仏にひとみを入れ日本の歌や舞いがおこなわれ、つづいて唐や新羅(シルラ)・ベトナムの音楽がかなでられ、舞いがおこなわれました。大仏づくりは、日本の国力をあげたものであり、渡来人の知識と技術のすべてが結集されたものでした。

こうして8世紀中ごろには、唐や新羅(シルラ)と仏教の強い影響をうけた華(はな)やかな貴族文化が栄えました。これを当時の年号をとって**天平文化**(てんぴょう)といいます。

古事記と日本書紀

天皇の力が強まり、律令国家のしくみがととのえられると、朝廷では、各地の族長のもとで語り伝えられてきた神話や伝説・歴史などを、天皇家の話を中心にまとめようとして、8世紀の初めに『古事記』『日本書紀』をつくりました。また諸国の地勢や伝説・産物などをしるした風土記もつくられました。

『古事記』は、神話や伝説が中心になっているため、古代の歴史研究は、長いあいだ**『日本書紀』**を中心にしておこなわれてきました。

しかし天皇の権威を高める目的でつくられた内容が、そ

万葉集

可良己呂武(からころむ)　須曾尓等里都伎(すそにとりつき)　奈苦古良乎(なくこらを)　意伎弖曾伎怒也(おきてそきぬや)

意母奈之尓志弖(おもなしにして)（信濃(しなの)の国防人(くにさきもり)）

（着物のすそにとりついて泣く子どもたちを家においてきてしまった。母親もいないというのに、今ごろどうしているだろう）

「からころむ」は「韓衣(からころも)」のこと、「おも」は「母」のことで、朝鮮語の「オモニ」(お母さん) からでているのではないかと考えられます。

韓人(からひと)の　衣染(ころもそ)むとふ　紫(むらさき)の

こころに染(し)みて

思(おも)ほゆるかも（麻田陽春(あさだのやす)………渡来系歌人）

（朝鮮の人が衣を染(そ)めるという紫のように、

私の心にしみついているあなたのことが、したわしく思われますよ）

のまま歴史の事実としては、信用できないことがわかってきました。

日本と朝鮮の関係についても、日本や朝鮮の学者によって批判がなされ、正しい研究が進められています。

万　葉　集

このころつくられた歌集『**万葉集**』には、天皇・貴族をはじめ、名もない東国の農民や防人(さきもり)のつくった和歌4,500首あまりがおさめられています。歌人のなかには多くの渡来人がいたし、渡来人の作と思える歌も多数のせられています。柿本人麻呂(かきのもとのひとまろ)や大伴家持(おおとものやかもち)らとともに代表的な歌人として知られている山上憶良(やまのうえのおくら)は、渡来人だといわれています。

また和歌は、すべて**万葉がな**といわれる漢字で書かれていますが、これは朝鮮語を漢字で表現した**吏読(リト)**をまねてつくられたといわれています。

⬆伏見稲荷大社(京都)　秦氏の信仰した農業神で，現在も参拝する人が絶えません。
⬅清水寺(京都)　坂上田村麻呂が798年東北出兵の成功を祈って建てたものです。

4 平安京と渡来系氏族

平安京

794年桓武天皇は、律令制度のたて直しと、政治を動かすほどの大きな勢力をもつ大寺社をおさえるために、都を京都の**平安京**に移しました。桓武天皇の生母である高野新笠は、百済からの渡来人で貴族となった百済王氏の出身であり、天皇の妃にも渡来人の子孫が迎えられていました。

京都の地を都としてえらんだのは、渡来系の大豪族**秦氏**の力をかりて都をつくろうとしたからでした。秦氏は、京都盆地を開いた渡来人の子孫で、**藤原氏**とも親せき関係にあり、都の造営にあたって財政的に助けました。

これは、平城京からの大寺院の移転を許さなかったこととともに、これまでの都づくりにはなかったことです。

征夷大将軍
坂上田村麻呂

そのころ、朝廷の支配のおよばなかった東北地方に住む人びとは、**蝦夷**とよばれ差別されていました。7世紀以来、朝廷は何度も兵を送り、これらの人びとを北へ追いつめては、柵戸といってさくで

←最澄(伝教大師)(767〜822)(京都一乗寺)

→円仁(慈覚大師)

広い土地を囲み、そこへ農民を送り、武装して土地を開拓させ、蝦夷に対する前進基地としました。また朝鮮からの渡来人も多くなりましたが、朝廷ではあたえる土地が不足したため、関東から東北地方の荒地に追いやり、その地の開拓をさせました。東北の人びとは、そのたびに平和な自分たちの生活をおびやかすものとして抵抗しました。朝廷からみれば、それが蝦夷の反乱です。8世紀の末に蝦夷が大反乱をおこしたとき、桓武天皇は、渡来系の**坂上田村麻呂**を征夷大将軍に任命してこれをおさえました。

田村麻呂は、北上川中流に城をきずいて以南を朝廷の支配下におさめました。しかし、その後も蝦夷の朝廷への反乱は、しばしばおこりました。また蝦夷とよばれた東北の人びとは、みずからの手で開拓をすすめ、なかには有力な豪族となったものもあらわれてきました。

最澄と円仁

奈良時代の仏教は、ひたすら国家の繁栄を祈り、国を守る宗教として朝廷と固く結びつき、僧のなかには政治に口を出すものもあらわれてきました。渡来人の子孫の**最澄**(伝教大師)は、これまでの仏教にあきたらず、仏の教えをもとめて人里はなれた山奥にこもり、修行をつみました。ついで遣唐使にしたがっ

【52ページへつづく】

➡百済寺跡(枚方市)
百済王氏の氏寺

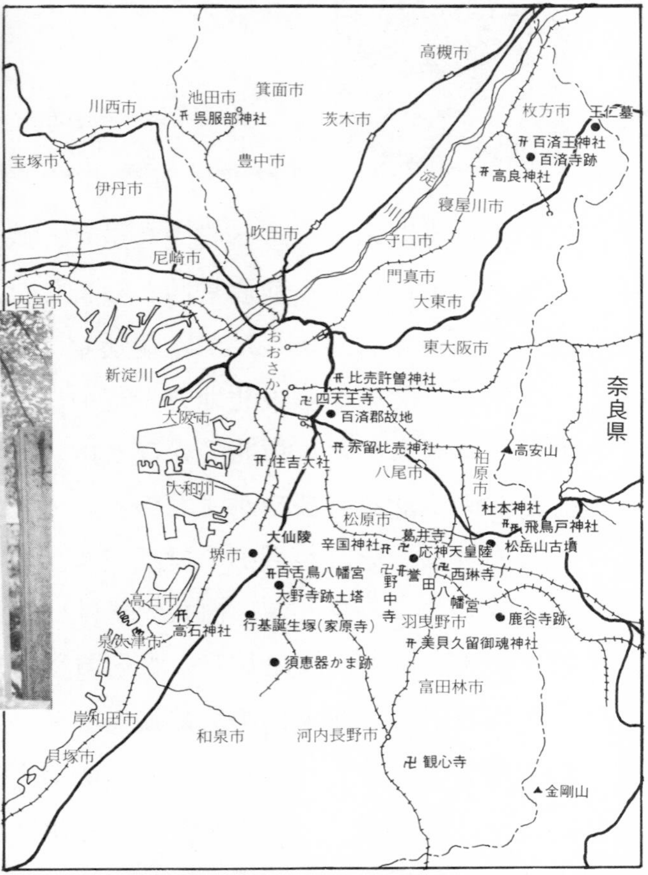

⬆高良神社(寝屋川市)
高麗から神社名がでたといいます。

➡美具久留御魂神社の朝鮮通信使絵馬(富田林市)
元禄8年(1695)に喜志桜井村平蔵らが奉納したもので，通信使一行の船旅がえがかれています。

↑**西琳寺**（羽曳野市） 王仁の子孫文氏の氏寺

↑**赤留比賣命神社**（平野区） 祭神は新羅の女神です。

↑**百済王神社**（枚方市）

→**野中寺**（羽曳野市） 王仁の子孫船氏の氏寺

↑**葛井寺**（藤井寺市）
王仁の子孫葛井氏の氏寺

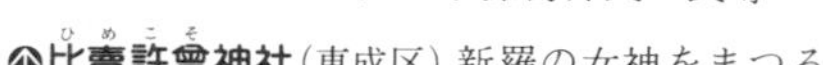

↑**比賣許曾神社**（東成区） 新羅の女神をまつる

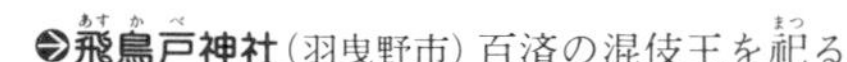

→**飛鳥戸神社**（羽曳野市） 百済の混伎王を祀る

↑**行基誕生塚・家原寺**（堺市）

↑**辛国神社**（藤井寺市） 辛は伽羅（伽倻），新羅の神を祀る。

↑**杜本神社隼人石**（羽曳野市） 慶州の彫刻に似ています。

↑**野中寺の石人** 朝鮮人文官の姿の石人です。

て唐に渡り、天台宗を学んで帰国しました。帰国後、最澄は比叡山に延暦寺をひらいて、奈良の旧仏教と対立しながら**天台宗**の布教につとめました。

最澄の弟子、**円仁**（慈覚大師）も唐に渡り、唐にいた新羅僧の世話になりながら修行をかさねました。新羅商人の船で帰国し、延暦寺に入って、祈りの力によって世の不安をとりのぞき、人びとの願いをかなえるとして、貴族の信仰を集めました。こうして天台宗は、空海（弘法大師）のひらいた真言宗とともに栄えるようになりました。

遣唐使の停止

9世紀に入ると、唐はめだっておとろえはじめました。また日本は、これまで学んだ唐文化をしだいに日本化していきました。そのため、高い費用をかけ、危険をおかしてまで唐文化を学んでいく必要がなくなり、894年に**遣唐使を停止**しました。すでに8世紀の末には、新羅との国交もとだえていました。10世紀後半からは、藤原氏の**摂関政治**がおこなわれ、その華やかな生活の中から**日本風**の**貴族文化**が栄えました。寝殿造や日本風の大和絵がおこり、服装も日本風にあらたまりました。とりわけ、渡来人の協力によってつくられたと考えられる**かな文字**によって、日本人ははじめて、ほんらいの日本のことばで、感情を自由に表現することができるようになりました。かな文字の発明は、和歌・日記・物語・随筆などの国文学の発展をうながし多くの女流作家を生み出しました。国の使節の往来がとだえたのちも、新羅や唐の商人は、日本を訪れ貿易がつづけられました。

第4章

高麗と日本

900	1000	1100	1200	1300	1400

平安時代 ／ **鎌倉時代** ／ **室町時代**

- 武士のおこり
- 藤原氏の全盛
- 鎌倉幕府の成立
- 元寇（げんこう）
- 建武新政
- 室町幕府の成立

- 高麗の建国
- 渤海滅ぶ
- 新羅滅ぶ
- 契丹（きったん）軍を破る
- モンゴルの侵入
- 高麗・モンゴルに降伏
- モンゴルの日本侵略
- 李氏朝鮮の建国

高麗

高麗青磁

12世紀の作品，雲と鶴の文様の象嵌（ぞうがん）が入っています。

『今日の韓国』誌提供

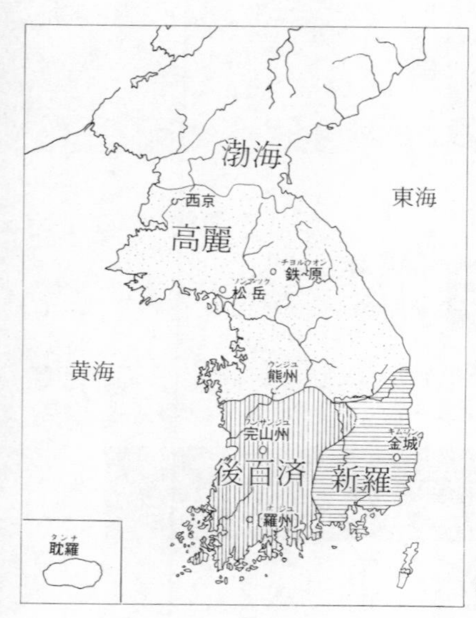

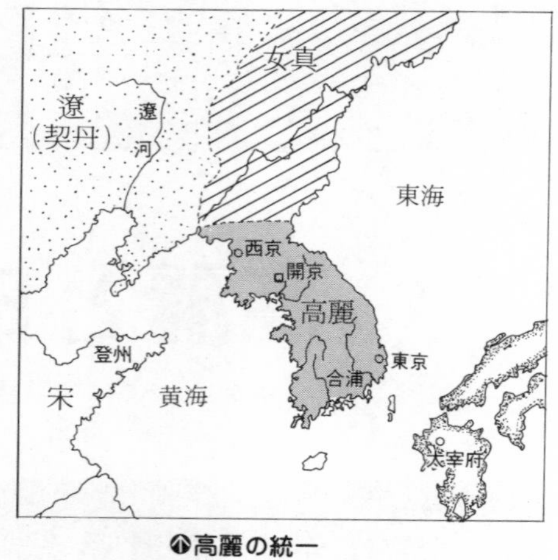

↑高麗の統一

←後三国の対立

1 高麗(コリョ(こうらい))の統一と発展

高麗(コリョ)の建国と新羅(シルラ)の滅亡

8世紀後半新羅(シルラ)では、貴族間の争いがはげしくなり、政治が乱れました。農民の生活は苦しく、ときには、対立する貴族の両方から税をとられるといった混乱状態がつづきました。そのため、9世紀には各地で農民の暴動がおこりました。このような混乱に乗じて地方の有力貴族が兵を挙げ、後百済(フペクチェ)・後高句麗(フコグリョ)(のちに泰封(テボン(たいほう)))を建てたため、新羅(シルラ)の統一はくずれて争いがつづきました。この時代は短いあいだでしたが、後三国時代といいます。

泰封(テボン)の**王建(ワンゴン)**は、918年国名を**高麗(コリョ(こうらい))**と改め、**開城(ケソン)**(開京(ケギョン))を都として勢力をのばしました。新羅(シルラ)は国力がおとろえ高麗(コリョ)に降伏しました。高麗(コリョ)は、後百済(フペクチェ)もほろぼして、936年に朝鮮全土を統一しました。

⇧姜邯瓚将軍(948～1031)　亀州で契丹軍を破って大勝した高麗の将軍

⇧落星台(ソウル市)　姜邯瓚将軍をまつっています。『今日の韓国』誌提供

渤海の滅亡

10世紀はじめ、中国では唐がほろび、しばらく混乱の時代がつづきましたが、やがて**宋**によって統一されました。中国東北地方を中心に栄えた渤海は、926年、**契丹**という民族にほろぼされました。渤海がほろぶと、もとの高句麗の人びとは、高麗へ移住し、高麗はあたたかくむかえ入れるとともに、北方へのそなえをかためました。これから後は朝鮮半島が朝鮮民族の土地ということになりました。

契丹・女真との戦い

渤海をほろぼした契丹は、中国東北地方からモンゴルにかけて遼という国をつくりました。高麗は宋と友好関係にあったため、宋と対立していた遼とは国交をもちませんでした。そこで遼は、たびたび高麗を攻めましたが、そのつど高麗は遼を追い返しました。1019年に**姜邯瓚**将軍の高麗軍が亀州で遼軍に大勝してからは、再び遼が攻めこむことはありません

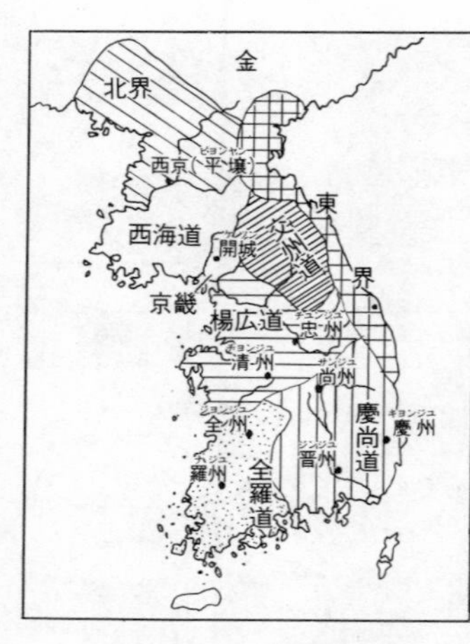

←11世紀初めの高麗
（五道両界）

→燃燈会　国の重要な仏教行事で，音楽と踊りで仏をまつり国と王の安泰を祈りました。

でした。そのころ朝鮮半島東北部から中国東北地方にかけて、勢力をもちだした**女真族**が、高麗に攻めこみました。そこで高麗は女真族を追い出すとともに、二度と侵略しないことを約束させました。

刀伊の日本来襲

1019年、壱岐・対馬・北九州沿岸に**刀伊**の海賊船団が襲ってきました。刀伊とは、女真族のことです。沿岸の村むらでは、家を焼かれ多数の人が捕りょにされて、刀伊に連れ去られました。

この来襲は、女真族が高麗水軍に敗れ、追われて日本に来て沿岸を荒したものでした。このとき捕りょとなった人たちのほとんどは、高麗軍が女真族を破ったときに助けられ、高麗の使節に連れられて帰国しました。

高麗の政治と社会の動き

高麗は全国を五道両界にわけ、中央の政府から役人を送って治めさせました。土地は国有にしましたが、大貴族の反対を恐れて、貴族の土地私有はそのままみとめました。役人には、位に応じて給料として土地をあたえました。土地はこのような**私田**と、

朝鮮の姓氏（せいし）

朝鮮人には、金（キム）・李（イ(リ)）・朴（パク）などの苗字（みょうじ）があります。一般の民衆が自分の姓氏（せいし）（苗字）をもつようになったのは、10世紀の初め、高麗（コリョ）初期のことです。朝鮮人は日本人とちがって、結婚しても女性は姓氏（せいし）を変えずにもとの姓氏のままでいます。子どもは父方の姓氏をうけつぎ、家族の中でも祖母と母は姓氏が違うのです。

李氏朝鮮時代に朱子（しゅし）学がさかんになり、その影響から同じ先祖から出たと考えられる同じ姓同士は、結婚できないということになりました。

直接国に税を納める**公田**があり、農民は土地がもてず、公田や私田を耕作して収穫の４分の１から半分を税としてとられ、ほかに兵役や労役を課せられました。農民の下には賤民（せんみん）やどれいがいました。役人は**科挙**（かきょ）という試験で選ばれましたが、受験するのはほとんど地方の小貴族でした。

役人には**文官**（**東班**（とうはん））と**武官**（**西班**（せいはん））があり、あわせて、**両班**（ヤンバン(りょうはん)）とよばれ、高麗を支える中心勢力となっていきました。はじめのうちは文官による政治がおこなわれ、武官は低いものとされていました。

12世紀に入ると、王位争いがもとで貴族の対立がはげしくなり、それに重税に苦しむ農民と解放を求める賤民（せんみん）や奴れいの反乱が相ついでおこりました。これらの反乱をしずめるためにのり出した武官が、しだいに力を強めて政治の実権をにぎるようになりました。

なかでも崔忠献（チェチュンホン）は、**三別抄**（サムビョルチョ(さんべつしょう)）という私兵を育て、強い力をもつようになって、**崔氏**（チェ）一族による政治がつづくようになりました。

㊤版木『今日の韓国』誌提供

㊨海印寺(ヘインサ(かいいんじ))「八萬大蔵経」経庫(慶尚北道) 11世紀につくられたが，モンゴルの侵略で焼失。13世紀に再びつくられました。

㊦高麗青磁(化粧料(けしょうりょう)入れ蓋物(ふたもの))

高麗(コリョ)の文化

仏教が国教とされて栄え、各地に寺院が建てられました。仏教が広がるとお経の本が大量に必要になり、**大蔵経**(だいぞうきょう)が出版されました。65年間で1万枚の大蔵経の木版がほられましたが、モンゴルが侵略してきたとき焼失しました。しかし、高麗(コリョ)は仏教の力でモンゴルを退けようとして、江華島(カンファド)で16年間に8万枚をこえる木版を完成しました。この経典は、日本にもたくさん輸出されました。この木版技術がさらに進んで、1234年に世界最初の**銅製金属活字**がつくられました。これはヨーロッパでの発明の200年以上も前のことです。

高麗(コリョ)芸術を代表する**青磁**(せいじ)は、青い空色と形の美しさだけ

↑月精寺(ウォルチョンサ(げっせいじ))**八角九層石塔**（江原道）屋根は八角，高くて美しい。宋の石塔の様式をとり入れたものです。

↑敬天寺(キョンチョンサ(けいてんじ))**十層石塔**（ソウル・景福宮(キョンボックン)）元の影響をうけ木造建築の様式をそのまま石塔にした。

↑楊柳観音像(ようりゅうかんのん)（京都藤井有隣館蔵）高麗後期，彗虚(ヘホ)の作といわれています。

↖ 東亜日報社『写真で見る韓国百年』より

檀君(タングン)神話

むかし、天上の神、**桓雄**(ファヌン)が、風・雨・雲など34の神がみをおともにつれて、太白山(テベクサン)の栴壇(せんだん)の木の下におりてきました。そのとき熊と虎とが人間になりたいと桓雄(ファヌン)にたのみましたので、ヨモギとニンニクを与え、「これを食べて、100日、日光を見ないでおれば、人間になれる」と教えました。虎は途中であきらめましたが、熊はがんばり21日で人間の女になりました。桓雄(ファヌン)は人間に姿を変え、この女と結婚して二人の間に**檀君**(タングン)が生まれました。この檀君(タングン)が古朝鮮(コヂョソン)を建てたといいます。　（『三国遺事』の開国神話）

でなく、のちには象嵌(ぞうがん)といって表面に模様を掘りこみ、そこに白土や黒土をはめこんで焼いた青磁が作られ、美しさに動きと変化をつける技法(ぎほう)が発明されました。

貴族の学問として儒学がさかんになり、また歴史書として『三国史記(サムグクサギ(さんごくしき))』『三国遺事(サムグクユサ(さんごくいじ))』がつくられました。

14世紀には、元から綿花が伝わり、**木綿**(もめん)がつくられ糸車が発明されました。

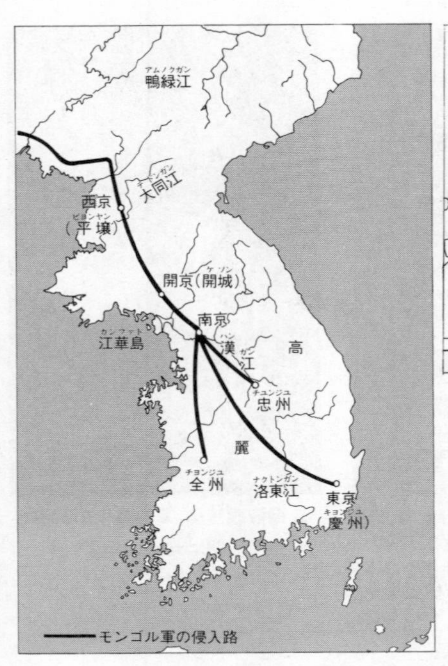

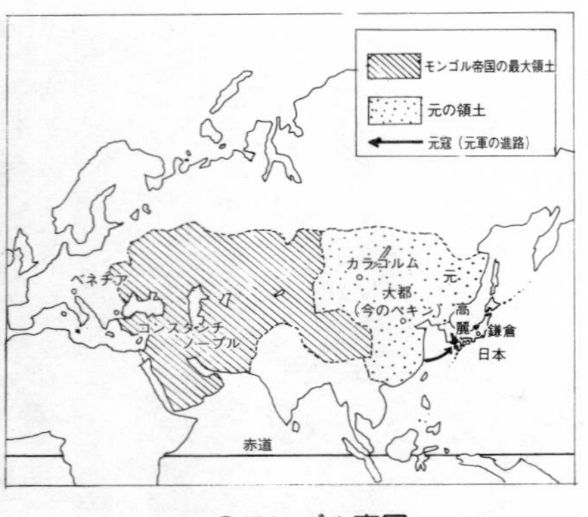

↑モンゴル帝国

←モンゴルの高麗侵略

2 モンゴルとの戦い

モンゴルの侵略と高麗(コリョ)の抵抗

13世紀の初め、遊牧(ゆうぼく)民族のモンゴルにジンギス＝ハンがあらわれ、モンゴル帝国をつくりました。モンゴル帝国は、周囲に勢力をのばして遼や金をほろぼし、やがて西アジアからヨーロッパまで遠征してこれらの地域を征服し、空前の大帝国をきずきあげました。1271年5代フビライ＝ハンは、都を大都(たいと)（北京(ペイチン)）に定めて国号を**元**と改め、ついで南宋をほろぼして中国全土も支配しました。

これより先1231年、モンゴル軍は高麗(コリョ)を侵略しました。高麗(コリョ)王朝は、モンゴル軍が海戦にふなれなのを知り、都を開京(ケギョン)（今の開城(ケソン)）から**江華島(カンファド)**に移して抗戦(こうせん)しました。一度は撃退(げきたい)したものの、モンゴル軍はくりかえし侵入し、長期戦となりました。江華島(カンファド)に移った貴族たちは、戦争をよそにぜいたくに暮らしましたが、モンゴル軍にふみにじられた本土の民衆は、食料難のうえ人質としてつれ去られた者も多く、国土は荒れはて、多くの文化財も破壊されました。

農民は各地で、モンゴル軍との戦いに立ちあがりました。こうした40年におよぶ抵抗がつづけられていたにもかかわらず、1259年高麗王朝は都の開京に帰り、モンゴルと講和をしました。高麗は、以後100年近くモンゴルに従うことになりました。しかし武官たちは、講和をみとめず、農民とともにモンゴルへの抗戦をつづけました。もとは崔氏の私兵であった**三別抄**（〝選ばれた勇士の軍隊〟の意味）は、モンゴル軍の侵略に対し、祖国を守る軍隊として立ちあがりました。三別抄は、江華島から南の珍島に根拠地を移して、モンゴルと高麗王朝の連合軍と戦い、最後は耽羅（済州島）にたてこもって全滅するまで抗戦をつづけました。こうした抵抗は、高麗が完全にモンゴルに併合されることを防いだだけでなく、モンゴルの日本侵略を大きくおくらせ、また日本に、防衛の時間的余裕をあたえることになりました。

元は、高麗王の世継ぎを大都に連れていって教育し、元の王女と結婚させ、帰国後王位につけるというやり方で、内政に干渉しました。また元は、高麗領の一部を占領し、高麗から毎年大量の貢ぎ物をとりあげました。

14世紀に入ると、元はおとろえはじめ、各地に反乱がおこりました。高麗でも恭愍王は、占領された領土をとり返し、元と結びついていた勢力を追放して、元の支配から抜けだそうとしたが成功せず、高麗はおとろえていきました。

⬆元軍と戦う武士(蒙古来襲絵詞)元軍は集団戦法で火薬を使い，一騎打戦法の日本武士を苦しめました。

➡元寇

⬇元船にのりこんで戦う武士

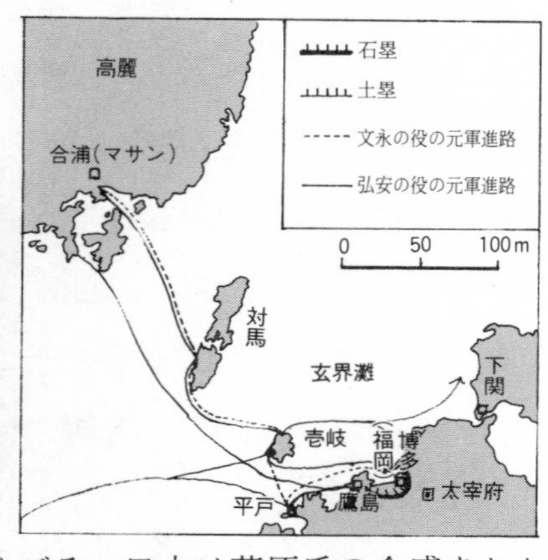

元寇

11世紀の初めごろ、日本は藤原氏の全盛をむかえ、都では華やかな貴族文化が栄えました。しかし地方の政治は乱れ、豪族や地主は、みずから武装し、農民にも武器を持たせて自衛をしました。これが武士のおこりです。

武士はしだいに力をたくわえ、12世紀中ごろには平氏が政権をにぎり、つづいて1192年、源頼朝が**鎌倉幕府**を開いて武家政治をはじめました。

高麗を征服した元は、つづいて日本をねらい、高麗の役人を使者として服従するようにうながしてきました。幕府はこれをことわり、元に立ち向かう決意を固め、元の来襲にそなえて北九州の防衛を御家人(ごけにん)に命じました。

元は日本侵略のために、高麗(コリョ)に軍船をつくらせ、武器・兵員の準備を命じました。

1274年元・高麗(コリョ)の連合軍３万あまりが900隻(そう)の軍船で合浦(ハプポ)を出発し、壱岐(いき)・対馬(つしま)をおとして博多湾に上陸してきました。元軍の集団戦法に苦しみながらも、日本の武士は勇かんに戦いました。元軍は、夜には沖の船に引きあげました。その夜、たまたま暴風雨が吹き荒れて多くの軍船が沈み、元軍は逃げ帰りました。幕府は再度の来襲にそなえて博多湾に石塁(せきるい)をきずき、守りを固めました。

1281年、元は南宋をほろぼした勢いにのって、元・高麗(コリョ)の連合軍４万、900隻と南宋の兵を中心とした江南軍10万、3500隻で、再び博多湾を襲ってきました。こんどは、日本を長期にわたって占領するための役所をつくり、耕作用のすきやかままで用意をしてきました。

日本の武士は、自分の領地と祖国を守るためにいのちがけで戦い、元軍の上陸をはばみました。再びおこった暴風雨によって、船は沈み元軍は引きあげました。元寇の勝因は、日本の武士の勇かんな戦いと、元軍がもともと海戦に弱く、寄せ集めの兵であったこと、それとともに進んだ造船技術をもつ高麗(コリョ)の造った船が簡単に沈んだところに、手抜きをするなど高麗(コリョ)民衆の抵抗があったこともあげることができます。

その後も元は、日本侵略の計画を進めましたが、中国・

高麗（コリョ）・ベトナムなどに、元の支配に対する戦いがはげしくなり、元はついに日本侵略をあきらめました。

倭寇 松下見林『異称日本伝』より

倭寇（わこう）と高麗（コリョ）

鎌倉幕府は、元寇に多くの戦費をついやし、そのあとも西国の防備をゆるめることができず、財政難におちいりました。御家人（ごけにん）たちは、恩賞（おんしょう）をもらうことができず、なかには幕府に不満をもつものもあらわれました。後醍醐（ごだいご）天皇は、そういった武士と結んで、鎌倉幕府をたおし建武新政を実現しました。

しかし、公家（くげ）中心の政治に満足できない武士は、再び武家政治を望むようになり、足利尊氏（あしかがたかうじ）は京都に北朝をたてて**室町幕府**を開き、以後約60年間、全国的に対立と内乱のつづいた**南北朝時代**に入ります。

南北朝の内乱のころ、さかんに朝鮮や中国の沿岸を荒らしまわった日本人の海賊がいました。朝鮮では、**倭寇**（わこう）とよばれおそれられていました。倭寇には、壱岐（いき）や対馬（つしま）・北九州沿岸の貧しい漁民や農民に武士も加わっていました。彼らは食料をうばい、家を焼き、人までさらっていきました。

すでに力がおとろえかけていた高麗（コリョ）は、倭寇をおさえることができず、たびたび使節を京都の室町幕府に送り、倭寇のとりしまりを求めました。しかし、幕府の力ではどうすることもできなかったため、高麗（コリョ）は北九州各地の大名の協力をえて、倭寇の力を弱める努力をしました。

第章

李氏朝鮮と日本

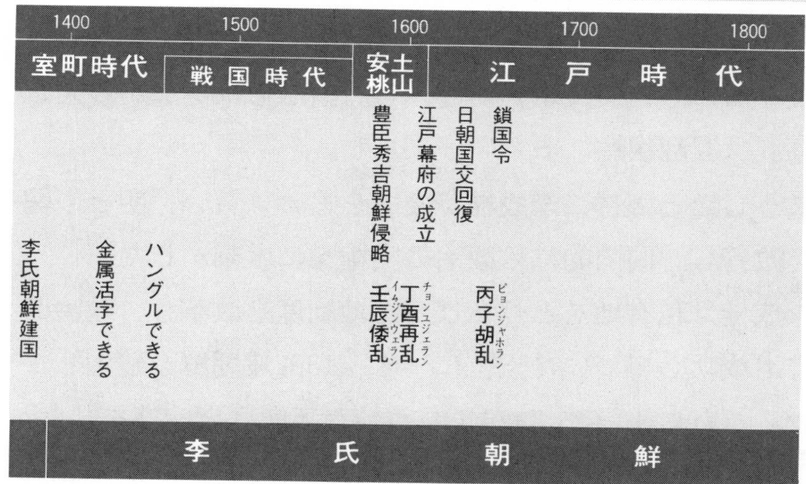

景福宮の勤政殿 李朝王宮の正殿で赤・青にぬられた壮麗なもの。壬辰倭乱(1592)で焼失し,1867年に再建されたものです。石畳には文武百官が位ごとに並んで国王に挨拶をしました。 東亜日報社『写真で見る韓国百年』より

1 李氏朝鮮の発展と文化

高麗（コリョ）の滅亡と李氏朝鮮の建国

中国では、14世紀に入って元の国力が弱まり、各地で漢民族の反乱がおこり、モンゴル族は北に追われ、1368年に漢民族の明（みん）が国を建てました。

朝鮮でも高麗（コリョ）王の力が弱まり、富をひとりじめして権力をふるってきた大貴族に不満をもつ地方の地主たちが、反抗するようになりました。そのうえ北方から紅巾軍（こうきんぐん）（元に反乱をおこした農民軍）が侵入し、南からは倭寇（わこう）が侵入して高麗（コリョ）は混乱状態におちいりました。

こうしたときに、**李成桂**（イソンゲ）が倭寇を追いはらい、明との関係を改善し、国内的には政治の実権をにぎりました。

李成桂（イソンゲ）は私有地をとりあげて土地制度を改革し、政治改革にも成功してついに王位につき、1392年**朝鮮**（チョソン）を建国しました。これによって、475年つづいた高麗（コリョ）はほろびました。

朝鮮（チョソン）は李成桂（イソンゲ）の子孫が代々国王になったため、**李氏朝鮮**（イシチョソン）とか李朝とよばれ、その後500年あまりつづきました。

李氏朝鮮の政治

李成桂（イソンゲ）**（太祖）**は、都を開城（ケソン）から農業が発達し軍事上の要地でもある漢江（ハンガン）流域の**漢陽**（ハニャン）（のちの漢城（ハンソン）、今のソウル）に移し、新しい国づくりの基本として3つの政策をたてました。

農業を国の基本として発展をはかる、仏教にかえて儒教を国教とする、外国と平和な関係をたもつというものでした。3代**太宗**（テジョン）のときには、国王を中心とした中央集権（しゅうけん）の政治のしくみをととのえ、中央に議政府（ぎせいふ）を置き、地方を八

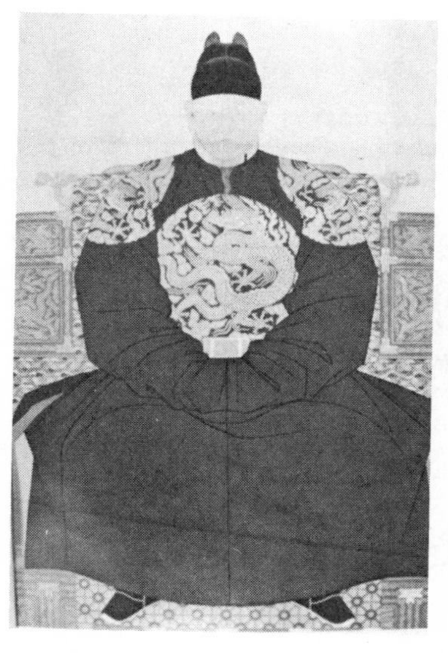

↑**勤政殿(きんせいでん)内部**　国王の即位(そくい)や公式行事が行なわれた所で正面は国王の御座です。

『今日の韓国』誌提供

↖**李成桂(イソンゲ)**(1335〜1408)　朝鮮を建国して太祖となりました。

←**南大門**　李朝四大門のうち，南大門と東大門が残っています。

道に分け、観察使(かんさつし)・守令(しゅれい)などの役人を中央から送って政治をおこないました。土地の測量を実施して国の収入をふやし、また16歳以上の男子に号牌(ごうはい)という名札をつけさせ、住所・氏名・年齢・身分などがわかるようにしました。

軍事では私兵をなくして、軍隊を国王の直接指揮下におきました。4代**世宗(セジョン)**は、王権を強め国力を充実して、北方の女真族を追い出し鴨緑江(アムノッカン)から豆満江(トゥマンガン)を境とする今日の領土をつくりあげました。9代成宗(ソンジョン)は『経国大典(キョングッテジョン)(けいこくたいてん)』をまとめ、のちの李朝政治の手本とされました。

⬆両班と常民(当時の風俗画) 両班は，学問にはげみ役人になりました。農業，商業，手工業に従事したものは常民といいました。

『今日の韓国』誌提供

⬅両班の屋敷

⬆両班の生活

両班と常民

李氏朝鮮の社会は、**両班・中人・常民・賤民**の4身分にわけられ、きびしい身分差別がありました。

支配階級であった両班は、科挙という試験に合格して役人になり、給料として、もらった土地で生活しました。

中人とよばれた人びとは、両班の下で働く下級の役人や技術者でした。

常民は、人民の大部分をしめる農民で、国からあたえられた土地を耕やし、税を納め労役にしたがいました。

奴婢は自由をもたず、主人の財産として売買されることもありました。しかし両班の数がふえたうえ、両班は自分の私田をふやしていったため、土地制度はしだいにくずれ、国の財政も苦しくなっていきました。

↑**雅楽**（ががく） 朴堧（パクヨン）がそれまでの郷音を廃し、宮中の音楽にとり入れました。

←**李朝白磁**（はくじ）

→**測雨器**（そくうき） 1442年世宗王（セジョン）が降雨量をはかるため各道に設置しました。これは世界で最初の発明です。それ以来数百年間継続してはかられました。

産業の発達

李朝政府は農業に力を入れ、南部の人びとを北部に移住させて開拓を進めるなど、耕地の増加につとめました。また稲作も**苗代**（なわしろ）づくりや品種改良によって、しだいに広がっていきました。また**水車**が発明され、14世紀に伝えられた**綿作**も、しだいに広がっていきました。

豊作を祈ったり、収穫を感謝するために村人が集まって踊（おど）った**農楽**（のうがく）や鼓（つづみ）の舞などが盛んにおこなわれ、村人みんなが楽しむこともはじまりました。

陶磁器は、高麗青磁（コリョせいじ）の伝統をうけつぎ、白の美しさを生かした**白磁**（はくじ）がつくられ、日本にも多く輸出されました。

商業も都市を中心に発達し、都には公設市場のほかに**場市**（ジャンシ）という農民たちの定期市が開かれ、地方都市にも広がっていきました。

『今日の韓国』誌提供

⇧水原陵参拝行列図　国王が水原にある陵に参拝する行列の図

⇦陶山書院　安東にあり，李滉をまつる代表的書院です。

⇧李滉(1501～1570)　朱子学者
李滉の著書が日本で訳され，江戸時代の朱子学の手本となりました。

学問の発達

李氏朝鮮は儒教を国教とし、とくに**朱子学**を保護しました。朱子学は親に孝、国王に忠をつくし、先祖をうやまい、目上の人を尊敬し、その身分に応じた道徳を守れという身分制度を守るのにはもっとも都合のよい教えでした。国の保護のもとに、各地に郷校がつくられ、私学の書院もさかえて両班の子弟が学び、日常生活のすみずみにいたるまで儒教の考え方が大きな影響をおよぼすようになりました。家庭においては、家長である父の力がひじょうに強く、先祖をうやまい、法事も盛大におこなわれるようになりました。

女性の地位は低く、嫁に行っても姓を変えられず、一門同士の結婚や女子の再婚も許されませんでした。

儒教のほかにもいろいろな学問が発達し、法律・歴史・地理・暦・農業などの書物もつくられました。

世宗王（セジョン）(位1418～1450)　李朝第４代の王，国土を広げハングルをつくり民族文化をつくりあげた偉大な王です。

訓民正音
國之語音異乎中國與文字
不相流通故愚民有所欲言
而終不得伸其情者多矣予
為此憫然新制二十八字欲
使人人易習便於日用矣
ㄱ牙音如君字初發聲

訓民正音（フンミンジョウム）　世宗王（セジョン）はハングルをつくった後，1446年にその説明と使い方を本にまとめました。

申叔舟（シンスックジュ）(1417～1475)　ハングルをつくった学者の１人。1443年通信使として日本にきました。

ハングルの発明

李氏朝鮮文化のなかで特に重要なものは**ハングル**という朝鮮文字の発明でした。

第４代**世宗王**（セジョン）は、朝鮮に文字がなく、朝鮮語を漢字であらわすことの不便をなくしたいと考え、学者に命じてハングルを発明させ、その解説書として**「訓民正音」**（フンミンジョウム（くんみんせいおん））をつくりました。ハングルは、言語を発音する時の口・舌（した）・歯（は）・のどなどの形をあらわした表音（ひょうおん）文字で、10の母音と14の子音を組み合わせて表現する科学的でおぼえやすいものです。両班（ヤンバン）や儒学者たちは、ハングルをけいべつして漢字を使いました。しかしハングルは民衆に受け入れられて広がるとともに、民族文化の普及に役立ちました。

倭寇の侵略地図

明兵と戦う倭寇(倭寇図巻) 中国の画家が描いた倭寇のすがたです。

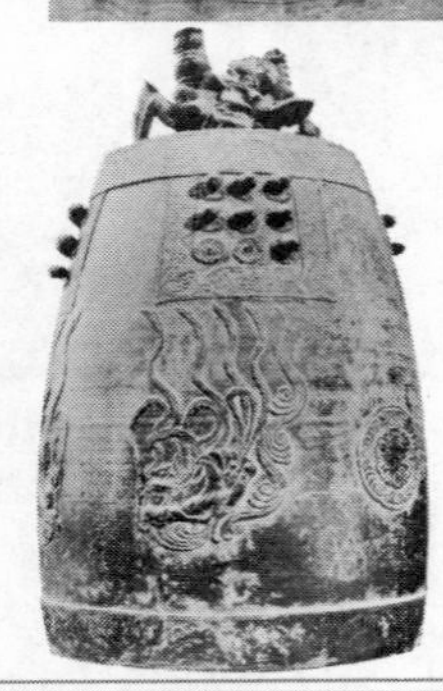

長門一宮神社の新羅鐘(山口県) 朝鮮では仏教がおさえられ，日本では栄えたため多くの仏像や鐘が日本に輸出されました。

2 日本の朝鮮侵略と修交

室町幕府の朝鮮貿易

高麗から李氏朝鮮の時代になっても、**倭寇**の侵略はつづきました。朝鮮政府は、水軍を強化するとともに室町幕府や九州の各大名にとりしまりを求めました。足利義満は、明との国交を開いたすぐあと、朝鮮とも国交を開きました。こののち室町幕府は、ほろびるまでの150年間に朝鮮へ60回の使いを送り、朝鮮からも通信使が送られてきました。しかし倭寇がおとろえないため、朝鮮は倭寇の本拠地、対馬を攻撃したり、投降をすすめたりしました。とくに投降したものには、交易を許可し、土地や仕事をあたえたため、倭寇もしだいにおさまってきました。

対馬の宗氏や九州の諸大名は、朝鮮との貿易をのぞみ、通商をおこないました。なかでも朝鮮政府は、倭寇対策と

⬅釜山城攻防図（卞璞筆）
1592年小西行長の軍2万が釜山城を攻略しました。

➡朝鮮侵略に用いた日本の軍船

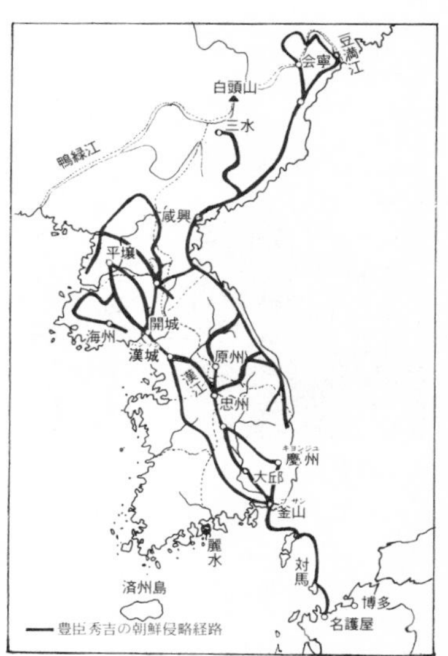

➡豊臣秀吉の朝鮮侵略

して対馬との貿易を重視し、釜山など3つの港を開き、都の漢城に**倭館**をつくって日本の使節を接待しました。

日本からは銅・錫・硫黄などを輸出し、朝鮮からは、綿布・陶磁器・米、そして大蔵経などを輸入しました。

日本には麻と絹の織物しかなかったため、**木綿**の輸入は日本人の衣生活を大きく変えました。その後16世紀には、**綿花**の栽培法も伝わり、日本でも綿花が栽培されるようになりました。また明や朝鮮からお茶を飲む習慣と水墨画が禅僧によって持ち帰られ、日本の室町文化に大きな影響をあたえました。

豊臣秀吉の朝鮮侵略

豊臣秀吉は全国を統一したのち、さらに朝鮮・明・東南アジア・インドまでも征服しようと考えていました。それは秀吉の野心だけでなく、全国統一の戦いを終えた武士にあたえる新しい領地が必要であったためと、貿易の利を求める豪商の望みにこたえる

↑**李舜臣**（イスンシン）(1545〜1598) 亀甲船をつくり，朝鮮水軍をひきいて，日本水軍を全滅させました。

↑**亀甲船**（コブクソン） 船の外側を鉄板でおおい，槍の穂先のようにとがった鉄棒を植えこみたくさんのかいで高速で進み，船首の口から硫黄（いおう）の煙をはきだしました。

幸州（ヘンジュ）チマ

1593年２月12日早朝、３万の日本軍が、幸州（ヘンジュ）城を攻めました。１日に９回も総攻撃をかけたため、城は落ちそうになりました。女性たちも、じっとしておれず、動きやすいように長いチマ（スカート）を短かく切り、子どもたちとともに、まえかけに石を入れて城に運び、石合戦のすえ、ついに幸州（ヘンジュ）城を守りぬきました。今も前かけのことを幸州（ヘンジュ）チマとよんで当時を語り伝えています。

ためでもありました。1592年秀吉は、自ら北九州に出陣して大軍を朝鮮に侵入させました。朝鮮では、李朝建国以来200年のあいだ、外国の侵略もなく平和がつづいているときでした。それに対し、100年あまりの戦国乱世できたえられた日本軍15万は、釜山（プサン）に上陸し、室町時代の日本使節の上京路にそって都の漢城（ハンソン）を攻め落とし、さらに北上して平壌（ピョンヤン）から会寧（フェニョン）にまで達しました。この侵略を朝鮮では**壬辰倭乱**（イムジンウェラン（じんしんわらん））とよんでいます。しかし朝鮮水軍をひきいた**李舜臣**（イスンシン）は、**亀甲船**（コブクソン（きっこうせん））をつくり、日本水軍を閑山島（ハンサンド）や釜山（プサン）で打ち破り、日本軍の補給路（ほきゅうろ）を完全に断ってしまい

閑山島(ハンサンド)の戦　李舜臣(イスンシン)のひきいる朝鮮水軍の亀甲船の前に，日本水軍の火矢や鉄砲は無力で，全滅しました。

豊臣秀吉と耳塚(京都市)　秀吉は朝鮮人の首のかわりに，鼻や耳をそいで塩づけにして日本に送らせました。これを埋めたのが耳塚です。

血染(ちぞ)めのチマ

日本人と戦うため義兵となった金幅(キムボク)は、生きては再び帰れないだろうと思って、出陣の前夜、妻にたのんで上半身にいれずみをほらせました。妻は太いぬい針を数本束(たば)ねて、夫の背中に一目で夫とわかるしるしをほり、流れる夫の血を自分の肌着(ソクチマ)(はだぎ)に染ませました。これは戦争が終わったとき、多くの死体の中から、夫の死体をさがす目じるしにするためでした。しかし、死体が見つからない時には、血染めのソクチマ(肌着)を夫の身がわりとして埋葬(まいそう)しました。これを「虚塚(ホチョン)」とよびます。

ました。また陸戦でも農民や僧侶・儒学者などが、**義兵**となって日本軍を追いつめていきました。補給路を断たれ弾薬や食料の不足した日本軍は退却(たいきゃく)し、和議の話し合いをはじめました。しかし、話し合いが失敗すると1597年再び14万の大軍で侵略をはじめました。これを**丁酉再乱**(チョンユジェラン)(ていゆうさいらん)とよんでいます。日本軍は、はじめ優勢でしたが、しだいに陸に海に敗戦をかさね、兵の中に帰国を望む声が高まりました。日本軍は秀吉の死を機会に引きあげ、7年におよんだ侵略は終わりました。この2度にわたる侵略によって、朝鮮ではたくさんの人が殺され、傷

姜沆（カンシム）　朝鮮より連行された朱子学者で，藤原惺窩（せいか）の師となり日本の朱子学の発展に大きな影響をあたえました。

李参平の墓（佐賀県有田市）　朝鮮より連行され，有田で白磁を焼いたのが有田焼のはじまりで，「陶祖」としてあがめられています。

焼　物	藩	陶　　工
萩　焼	毛利藩（長戸）	李勺光、李敬
上野焼 高田焼	細川藩（豊前）	尊　楷
高取焼	黒田藩（筑前）	八　山
唐津焼	鍋島支藩（肥前）	洪浩然
有田焼	鍋島藩（〃）	李参平
平戸焼	松浦藩（平戸）	巨　関
薩摩焼	島津藩（薩摩）	沈当吉
小代焼	加藤藩（肥後）	

朝鮮から連行された陶工と焼き物

つき、家は焼かれ、土地は荒れはてました。多くの文化財が破壊されたり日本にもち去られただけでなく、何万という朝鮮人が捕りょとして日本に連れてこられました。その多くは、日本で労役をさせられ、また奴れいとしてルソンやシャムなどに売られた人もいました。

いっぽう日本も多くの将兵を失い、多額の戦費をついやし、そのため豊臣氏は、大名の信頼を失ってほろびる原因になりました。

朝鮮文化の移入

朝鮮侵略によって日本の大名たちは、そのころ日本で宝物のようにされていた高麗（コリョ）青磁や李朝白磁をもち帰っただけでなく、多くの**陶工**をとらえてきて、自分の領内に窯（かま）をきずいて陶磁器をつくらせました。いま、各地に伝わる有名な焼き物は、このとき

➡**南漢山城**(ナムハンサン) ソウルの南に1595年に築城され丙子胡乱(ピョンジャホラン)の時，国王仁祖(インジョ)はここに立てこもって抵抗しました。
『今日の韓国』誌提供

にはじまったものです。陶工とともに**活字工・製紙工**、それに**儒学者**らがとらわれてきました。当時の朝鮮の印刷技術は世界でも最もすぐれ、その朝鮮人活字工や製紙工の手で日本の印刷技術が高められました。

日本における朱子学を開いたといわれる**藤原惺窩**(ふじわらせいか)は、こうしてとらわれてきた朝鮮の学者から朱子学を学びました。

清の侵略

豊臣秀吉の朝鮮侵略のとき、明は朝鮮をたすけるため、20万の大軍を送りました。

そのため明は多くの戦費をついやして、しだいにおとろえ、各地に反乱がおこりました。なかでも北方の女真族の力が強く、明を圧迫しました。ついで女真族（後金(こうきん)）は、1627年朝鮮に攻めこんできました。

平壌(ピョンヤン)で敗れた朝鮮軍は、いそいで和を結びました。**清国**と国号を改めた女真族は、その後も朝鮮に無理な要求をつきつけ、ことわった朝鮮にたいし、1636年再び侵略してきました。朝鮮軍と農民などの義兵は、はげしく抵抗しました。しかし李朝政府内に講和を求める意見が多く、ついに清に降状しました。これを **丙子胡乱**(ピョンジャホラン(へいしこらん)) といいます。

⬆**朝鮮通信使の行列**（朝鮮人行列絵巻）中央の台に乗っているのが正使です。

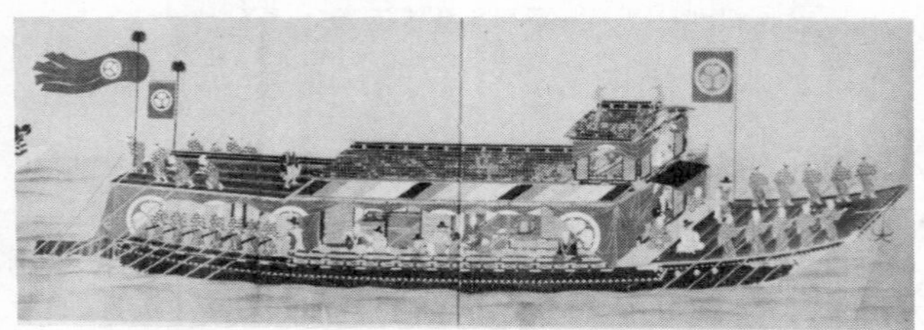

⬅**淀川をさかのぼる通信使の船**　大阪から淀(よど)までは幕府の用意した船でさかのぼり，その後は陸路で江戸に向かいました。

江戸幕府の成立と日朝の国交回復

徳川家康は、関ケ原の合戦に勝つと、すぐに対馬(つしま)藩の宗(そう)氏に朝鮮との国交・通商を開くよう努力せよと命じました。**宗氏**は何度も国交回復を願う使いを送り、ついにその努力が実って、1604年に朝鮮の使いが対馬にやってきました。家康は、朝鮮の使者を京都に招(まね)いて会見し、「朝鮮への侵略は秀吉がやったことであり、自分は一兵も送らなかった。善隣関係を回復したい」といってもてなし、捕りょ1,300人を送り帰しました。

つづいて家康は、国書を朝鮮に送り、国交回復を求めました。これを受けて、1607年、朝鮮の使節一行270名が江戸をおとずれ、将軍秀忠(ひでただ)に面会し、正式に**日朝の国交**が再開されました。これからのち、明治にいたるまでの2百数十年間、両国は対等の立場で**善隣友好関係**をつづけました。

朝鮮で新国王が即位すると日本から、徳川幕府で新しく

🅐雨森芳洲(1668〜1755) 対馬藩の朝鮮使節接待役となり，のち釜山の倭館でハングルを学び一生を日朝の善隣友好につくしました。

🅑江戸城に入る通信使
(「江戸屛風」林一夫氏蔵)
使節が通る時は，身分の高い低いにかかわらず道の左右で立ちどまり，道をあけました。

🅐江戸の町をすすむ通信使の行列(「江戸屛風」)

将軍職につくと朝鮮から、それぞれ祝賀の使節を送りました。この正式の使節のほかに、対馬の宗氏と朝鮮の釜山の役所の間では、たびたび往来がなされて、たがいの連絡にあたりました。

鎖国令が出たのちも、長崎の出島でオランダと清国にかぎり貿易がみとめられましたが、朝鮮とだけは、正式の国交と貿易がつづけられました。

朝鮮通信使の往来

朝鮮からの使節は、**通信使**とよばれました。通信というのは、誼をかわす使節という意味で、江戸時代に12回派遣されました。将軍が代わった時には、対馬の宗氏が朝鮮に連絡し、通信使の派遣を求めます。朝鮮から承諾の返事がくると、幕府は国をあげて歓迎準備をはじめました。

通信使一行は、あるときは500名にもおよびました。通信使は対馬に入り、宗氏の案内で瀬戸内海を通り、淀川を

牛窓の唐子踊り

岡山県の港町牛窓に、唐子踊りという行事が伝えられています。李朝時代の服装によくにた衣装をつけた子どもが、太鼓や笛にあわせて踊ります。歌詞の意味はわからず、かけ声は朝鮮語ににています。

この牛窓は、朝鮮通信使が上陸して宿泊したところで、通信使にしたがった朝鮮の子どもが踊ったのをおぼえ、現在に伝えられてきたものです。

朝鮮人街道

琵琶湖沿いに近江八幡から彦根に通じる浜街道という道があります。この道は、かつて徳川家康が、関ヶ原の合戦に勝って京都にのぼる時に通ったといわれ、それ以来特別の道とされて、将軍が京都にのぼる時に通りました。しかしその後、朝鮮通信使がこの道を通行することになったため、朝鮮人街道とよばれるようになりました。

さかのぼって京都につき、京都からは東海道を江戸に向かいました。

水夫を大阪に残して、通信使一行約380名、護衛として対馬藩士800名、それにつく人夫と馬800頭あまりという大行列でした。東海道の道中だけで百万両、人夫計23万人、馬4万頭を必要としたといいます。このばく大な費用は、各藩に支出させました。日本からの使節は、秀吉の侵略後でもあり、都の漢城まで入ることが許されず、**釜山の倭館**までしかいけませんでした。

通信使の一行には、多くの学者・医者・画家・陶工などが同行していました。日本の学者や医者・画家などは、朝鮮や中国のようすや新しい技術・知識をえようとして、通信使の宿舎に集まり交流を深めました。

↑釜山(プサン)の倭館古絵図（韓国国史編纂委員会） 日本の外交，貿易の拠点(きょてん)として，いつも数百人の日本人がいました。

→歓迎をうける日本使節（韓国国立中央博物館） 日本使節は都まで行けず釜山(プサン)で朝鮮の役人東萊府使(トンネ)の歓迎をうけました。

→釜山(プサン)の倭館図（韓国国立中央博物館） 江戸時代唯一(ゆいいつ)の海外公館で中央に代表者である館守の家がみえます。

倭館(ウェガン)の日朝貿易

対馬の宗氏は、幕府から朝鮮との外交・貿易をすべてまかされていました。朝鮮政府は釜山(プサン)に**倭館(ウェガン)**をつくり、館主は対馬藩が派遣して、常時400～500人がいたといいます。

対馬の港も開きましたが、実際の貿易は、すべて釜山(プサン)の倭館(ウェガン)でおこなわれていました。

宗氏は、朝鮮から綿布・つむぎ・生糸(きいと)・にんじん、虎の皮・蜂蜜(はちみつ)などを輸入し、博多・長崎・大阪・京都・江戸に出張所をつくって売りさばきました。京都の西陣織(にしじんおり)の生糸(きいと)のほとんどは、中国産で朝鮮よりの輸入ものでした。また、木綿(もめん)は、モンミョンという木綿をあらわす朝鮮語のなまったものといわれています。

日本からは、銀・銅・錫(すず)などが輸出されました。

当時、すでに日本で栽培されていたたばこ・さつまいも・唐がらし・かぼちゃなどが、対馬を通じて朝鮮に伝えられ、朝鮮でも栽培されるようになりました。

⇧**秋の取り入れ**　稲こき，もみすり，米つきと秋の取り入れのようすがわかります。

⇧**朝鮮にんじん畑**　もとは野生ですが，18世紀ごろから畑で栽培されるようになり，貴重な万能薬（ばんのうやく）として日本などに輸出されました。

『今日の韓国』誌提供

⇨**常平通宝**（サンピョントンポ（じょうへいつうほう））　李氏朝鮮で200年以上も流通しました。

③ 李氏朝鮮社会の変化

新しい産業の発達

朝鮮は豊臣秀吉の２度にわたる侵略と清の侵略によって、耕地は荒れはて、民衆は食料不足に苦しみ生活は破壊されてしまいました。

しかし、その後19世紀の中ごろまでの200年あまりは、外国からの侵略もなく平和がつづきました。李朝政府にとっては、戦乱で荒れはてた耕地を復旧して、経済をたて直すことが何よりも急務でした。荒れた耕地を修復し、ため池をつくるなどして開墾（かいこん）をすすめ、耕地を広げる努力をし、収穫高もふえてきました。また農民の負担を軽くするために、これまで特産物などでとっていた税を、すべて米で納めさせる大同法（だいどうほう）を実施しました。

↑屋根をふく人（金弘道〈キムホンド〉筆）

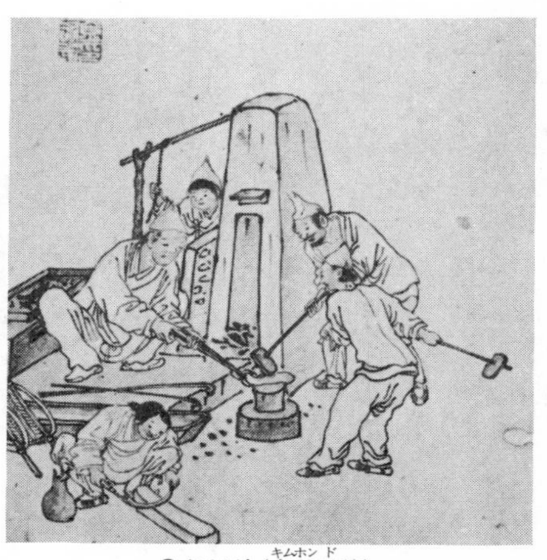

↑かじや（金弘道〈キムホンド〉筆）

17世紀には、日本からたばこやさつまいも・唐がらし・かぼちゃ・とまと、清国からじゃがいもなどの新しい作物が伝えられました。15世紀ごろから朝鮮半島南部でおこなわれていた田植も、17世紀末には朝鮮全域に広まり、稲と麦の二毛作もおこなわれるようになりました。

17世紀につくられた**常平通宝**〈サンピョントンボ(じょうへいつうほう)〉は、18世紀にはひろく流通するようになり、米で納めた税も貨幣で支払うことになって商業の発達をうながしました。貨幣の流通によって、農業でもたばこ・綿花・麻などの商品作物の栽培地域も広まり、綿布・麻・絹布〈けんぷ〉や紙などの手工業もさかんになっていきました。松都〈ソンド〉商人といわれた開城〈ケソン〉の商人は、全国の市場〈しじょう〉を支配するようになり、中国貿易を一手ににぎった義州〈ウィジュ〉商人、ソウルへの米の供給をにぎっていた京江〈キョンガン〉商人などの大商人があらわれてきました。このような貨幣、商品の流通は、農村にも大きな変化をよびました。大農は生産物を商品として売って豊かになり、貧しい農民の土地を

⇧書堂（ソダン） 庶民の子が学んだところ，日本の寺小屋ににています。
東亜日報社『写真で見る韓国百年』より

⇦舞楽図（金弘道（キムホンド）筆）

手に入れて大地主となったり、また手工業に進出して商品を各地の場市（ジャンシ）で売りさばきました。貧農は、土地を失って小作人となったり、賃労働（ちんろうどう）をするようになっていきました。

大商人の中には、金で両班（ヤンバン）の土地や身分を買って大地主となるものもあらわれ、また貨幣を支払うことによって奴婢（ぬひ）身分から解放されるなど、李朝社会の土台である身分制度が大きくくずれはじめました。

庶民文化のおこり

16世紀の中ごろから、ヨーロッパ人が明や日本に来航するようになりました。

17世紀に入って明にいった朝鮮の使者が、鉄砲・望遠鏡・時計などとともに、ヨーロッパの学問やキリスト教を朝鮮に持ち帰りました。これまで学問といえば、儒学、特に朱子学だけが重んじられてきましたが、18世紀に入って洋学や商品経済の発展を反映して、朱子学以外に**実学**という民衆の生活に直接役立つ実際的な学問がおこり、農学・暦の本や、百科事典などもつくられ、朝鮮の歴史や地理の

琴をひく女（申潤福(シンユンボク)筆）

両班(ヤンバン)の遊び（申潤福(シンユンボク)筆）両班(ヤンバン)たちの風流な生活をえがいた風俗画

研究もさかんにおこなわれました。18世紀の後半には、国を豊かにするために土地制度の改革や身分制度の廃止をとなえたり、商工業をおこすことを説く学者もあらわれました。こうして学問が発達するとともに、農業技術や農具の改良も進み、民衆の生活も少しずつ向上していきました。

また各地に日本の寺小屋にあたる**書堂**(ソダン)という庶民の学校がつくられ、常民(サンミン)の中にハングルの読める人が多くなりました。

ハングルで書かれた最初の小説『洪吉童伝(ホンギルトン)』や『春香伝(チュニャン)』『沈清伝(シムチョン)』が出され、人びとに読まれました。芸術も庶民の間に広まり、庶民の生活を生きいきとえがいた風俗画や、仮面舞(タルチュム(かめんぶ))、唱劇(パンソリ(しょうげき))などの民衆芸能もおこってきました。**キリスト教**は、男女や身分の差のない平等の教えを説いたので、しだいに民衆の間に広まっていきました。

李朝政府はキリスト教を危険な考えの宗教として禁止し、のちにはきびしくとりしまるようになりました。

『沈清伝』

黄州桃花洞に沈清という娘がいました。彼女の父は鶴圭といい、眼が見えませんでした。沈清は、仏にすがってなんとか父の眼をなおしたいと思いましたが、そのために寺に供えねばならない米がありません。その時、いけにえをもとめている商人がいると聞いた沈清は、商人に身を売って海に身を投げました。

神様は、この孝行な娘をあわれんで、そのいのちを救いました。沈清はのちに国王の后にまでなりました。沈清は父をさがしだそうとして、全国の眼の不自由な人を宮廷にまねきました。その行列の最後にいた父を見つけた沈清が「お父さん」と叫ぶと、驚いたひょうしに鶴圭の眼が開き、その後、父子楽しく暮らしました。

農民のたたかい

李朝時代の農民にとって、耕作地にかけられる税と、兵役のかわりに納めさせられる軍布は、ひじょうな負担となっていました。

18世紀に入って貨幣が流通し、貧農の生活がますます苦しくなると、各地に重税に反対する農民や解放をもとめる奴婢のたたかいがおこりました。

政府は軍隊を出して弾圧をくりかえしましたが、農民のたたかいはおさまらず、やむなく政府は軍布を半分にへらしたり、政府の奴婢を解放したりしました。

19世紀に入ると、農民のたたかいはますますはげしくなり、1811年**平安道**では道全体にたたかいが広がり、農民軍に両班や大商人までが加わって政府軍をおびやかすようになりました。5か月のたたかいののち、農民軍は全滅しましたが、このような抵抗は全国の農民を勇気づけ、李朝政府を大きくゆさぶりました。

日本帝国主義の朝鮮侵略と植民地化

1850		1900	10	20	30	40
江戸	明治			大正	昭和	

開国　明治維新　日清戦争　日露(にちろ)戦争　韓国併合　関東大震災(しんさい)　日中戦争　太平洋戦争

大院君(だいいんくん)の政治　日朝修好条規(しゅうこうじょうき)　東学農民戦争　大韓帝国　乙巳(ウルサ)保護条約　日韓併合条約　三・一独立運動　六・一〇万歳(マンセ)運動　光州(クァンジュ)学生抗日運動　皇民化運動　創氏改名(そうしかいめい)強要　強制連行

李氏朝鮮	大韓帝国	日本による植民地支配

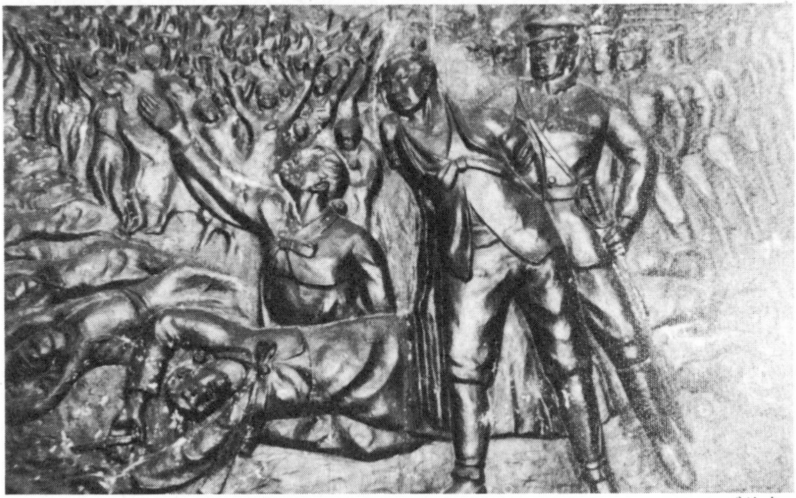

⇧3・1独立運動の彫刻　1919年3月1日、日本軍のきびしい弾圧にもかかわらず独立運動の火は全土にひろがりました。独立宣言文を発表したパゴダ公園にあります。

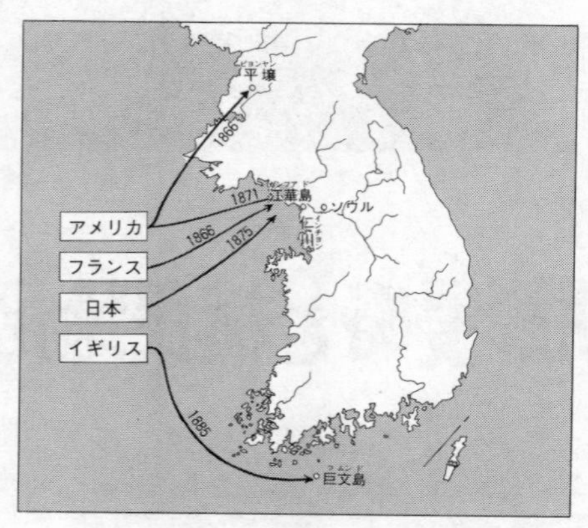

⇐列強の朝鮮侵略

米→シャーマン号事件，ロジャーズ江華島(カンファド)侵略　仏→江華島(カンファド)侵略
日→雲揚号(うんようごう)江華島侵略　独→巨文島(コムンド)占領

1 資本主義列強の朝鮮侵略と抵抗

欧米諸国のアジア侵略

19世紀にはいって**資本主義**を発展させた欧米諸国は、その商品を輸出する市場(しじょう)と、原料の供給地としての**植民地**を全世界にもとめました。

19世紀中ごろになると、ヨーロッパ諸国やアメリカは、東アジアをねらってきました。イギリスは、1842年清国にたいしてアヘン戦争をおこし、ホンコンを奪い清国を開国させました。つづいて、アメリカ・フランス・ロシアも清に侵入して、植民地化していきました。1858年、イギリスは、ムガール帝国をほろぼしてインドを直接支配し、北方ではロシアが、アムール地方を支配するようになりました。

日本の開国と明治維新

1853年、アメリカ合衆国の使節ペリーのひきいる黒船が浦賀沖にあらわれ、幕府に開国を要求しました。翌年再び神奈川に来て強く開国を求めたため、幕府は**日米和親条約**を結んで開国しました。

その後1858年には、**日米修好通商条約**(しゅうこうつうしょう)を結びました。

この条約は、日本で罪を犯したアメリカ人をアメリカの

興宣大院君(1820～1898) 高宗王の父で，政治の実権をにぎりました。

景福宮慶会楼 壬辰倭乱で焼失。大院君によって再建され，国王の宴会場として使われました。

領事が裁く**治外法権**を認め、さらに輸入品に自由に税をかける**関税自主権**がないという、日本にとって不平等な内容でした。こののち、ロシアやヨーロッパ諸国とも同じ内容の**不平等条約**を結び、日本は220年におよぶ鎖国を破って世界の動きにまきこまれていくようになりました。

いっぽう、生活に苦しむ民衆は、各地で百姓一揆や打ちこわしをおこし、幕藩体制は大きく崩れはじめました。尊皇攘夷をさけんだ長州藩と薩摩藩は、やがて力を合わせて倒幕に立ちあがりました。

このような動きのなかで、1867年徳川慶喜は、大政奉還を朝廷に申し出て、江戸幕府は倒れました。

明治維新政府は、廃藩置県、地租改正、徴兵制を実施し、中央集権のしくみをととのえました。また官営工場を設け、**富国強兵**の政策をとって近代化の道を急ぎました。

大院君の政治と鎖国

19世紀に入って、李朝は３代つづいて幼い国王が位につき、母方の一族が政治を思いのままに動かすようになり、政治が乱れました。生活が苦しくなった農民は、各地で立ちあがり、李朝政府は大

↑水原(スウオン)城華虹門　1794年に築かれ，中国を経(へ)て伝えられたヨーロッパの築城法が用いられている，全長8千m余　『今日の韓国』誌提供

←斥和碑(せきわひ)　大院君は各地に攘夷(じょうい)を国民に訴える碑を建てました。

きくゆらぎはじめました。

このような1864年、**高宗**(コジョン)が12歳で国王になると、実父の李昰応(イハウン)が**興宣大院君**(フンソンだいいんくん)として政治をとるようになりました。大院君というのは、国王の実父におくられる称号(しょうごう)のことです。

興宣(フンソン)大院君は、政治を思うままに動かしていた王妃の一族を追放して、大両班(ヤンバン)や大地主中心の政治を改めました。

両班(ヤンバン)からも税をとりたて、これまで両班(ヤンバン)勢力の中心となってきた書院の廃止にふみきり、広く人材をもとめました。

また国王の力を強め、それを国民にしめすために壬辰倭乱(イムジンウェラン)(じんしんわらん)で焼失した**景福宮**(キョンボックン)を再建しました。

このころアジアでもっとも開国がおくれていた朝鮮をねらって、欧米諸国の黒船が朝鮮近海に出没しはじめました。

1866年、アメリカの商船**シャーマン号**が大同江(テドンガン)をさかのぼり、平壌(ピョンヤン)近くまで侵入してきました。船に出向いた朝鮮の使者をとらえたうえ砲撃してきたため、怒った政府軍

日本軍兵士の江華島(カンファド)上陸(「明治大平記」)
日本海軍雲揚号(うんようごう)の兵士は江華島に上陸して戦いました。

黒田大使のソウル入り 江華島(カンファド)事件処理のためソウルに着いたところ。

と民衆は、シャーマン号を攻撃して焼きはらいました。つづいてフランスやアメリカの軍艦が、江華島(カンファド)を砲撃し軍隊を上陸させましたが、いずれも、撃退されました。大院君は、鎖国をつづけ、各地に「攘夷(じょうい)の碑(ひ)」を建て、国民の愛国心にうったえて侵略を撃退しようとしました。

日朝修好条規(しゅうこうじょうき)と朝鮮の開国

明治政府は、対馬(つしま)の宗(そう)氏を通じて朝鮮に使いを送り、明治維新を知らせるとともに、両国の外交を開くように申し入れました。

朝鮮はきびしい**鎖国(さこく)政策**をとっており、日本との国交をことわり、これまで通り対馬をつうじて貿易をおこなうことだけを伝えて、鎖国をつづけました。

日本では、明治政府にたいする士族や農民の不満が高まっていたときでもあり、朝鮮を侵略して、その不満をそらし、国内をまとめようとする**征韓論**がおこりました。

朝鮮では、大両班(ヤンバン)や地主が高宗(コジョン)の妃**閔(ミン)氏一族**を中心に力を合わせて大院君を追い出しました。政権をにぎった閔(ミン)氏らは、国内では専制政治をおこない、外国に対しては、弱腰の外交をしました。1875年、日本海軍の軍艦が、朝鮮

日朝修好条規調印　1876年　朝鮮は，日本軍の圧力のもとに不平等な条約に調印し，開国しました。

近海を測量するという口実で江華島に近づき砲台を攻撃しました。翌年には、7隻の軍艦で圧力を加え、ついに**日朝修好条規**(江華条約)をみとめさせました。これによって朝鮮は、釜山、元山、仁川の三港を開いて通商をはじめました。

この条約は、日本に治外法権を認め、日本から輸入する商品には関税がかけられない（無関税貿易）という**不平等な条約**でした。日本は、アメリカが日本を開国させるためにおこなったのと同じやり方で、それ以上に不平等な条約をおしつけたのです。

壬午軍乱と甲申政変

朝鮮は不平等条約によって、日本の経済的な侵略をうけ、国民の生活は破壊されて、侵略と閔氏一族の専制政治にたいする不満が高まりました。そのころ朝鮮政府は、日本人の指導のもとに日本の軍制をみならった近代的な軍隊をつくりました。これまでの旧式軍隊は差別待遇をうけ、下級軍人には給料も長いあいだ支払われず、砂とぬかのまじった米を給料の代わりに支給されるような状態がつづきました。1882年これら軍人の不満が爆発し、ソウル市民も加わって閔氏の政府を倒し、

金玉均（キムオクキュン）(1851〜1894) 開化運動の中心となり，日本と結んで甲申事変をおこしたが失敗して日本に亡命，のち上海（シャンハイ）で殺されました。

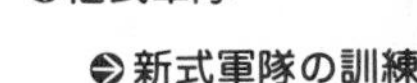

旧式軍隊

新式軍隊の訓練

さらに日本公使館を襲って日本人を追放しました。

そのあとに、再び大院君が迎えられました。これを**壬午（イモ（じんご））軍乱**といいます。

清国と日本は、朝鮮の混乱につけこんで軍隊を送りこみました。閔（ミン）氏と結んだ清国は、大院君をとらえ、再び閔（ミン）氏一族の政府をつくらせました。しかし清と結ぶ保守派の閔（ミン）氏に対し、日本の明治維新にならって政治改革を進め朝鮮の近代化をはかろうとする**金玉均（キムオクキュン）**ら開化派の対立がはげしくなりました。

日本は朝鮮から清国の勢力を追い出して、親日的な政府をつくろうとして、金玉均（キムオクキュン）を支持しました。1884年開化派は、ソウルにいる日本軍の出動をたのみ、王宮を包囲（ほうい）して政府の要人を殺し、新政府をつくりました。

新政府は、近代的な国家をめざして14条の政令を発表しました。これを**甲申政変（カプシン（こうしん））**といいます。

しかし新政府は、閔（ミン）氏や清国軍の反撃にあって、わずか

年	日本の産金量(A)	輸入地金量(B)	(B)/(A)
1877	350,943	252,630	71.99%
1881	305,083	581,386	190.57
1885	274,549	1,092,062	397.77
1887	521,555	1,954,380	374.72
1889	769,869	973,437	126.44

朝鮮からの金地金の輸入
(単位g) 中塚明『日清戦争の研究』より
※グラム換算著者

3日で倒れました。

朝鮮政府は日本の責任を追及し、また軍人や市民が日本公使館をおそい、日本公使と金玉均(キムオクキュン)は日本に逃(のが)れました。

日本政府は、逆に朝鮮に対して謝罪(しゃざい)と賠償(ばいしょう)を要求し、軍隊の圧力のもとにこれをみとめさせました。

清国と日本は、互いに朝鮮での利益を守るために、1885年に**天津(テンチン)条約**を結び、再び出兵する時には必ず連絡し合うことを約束して、朝鮮から撤兵(てっぺい)しました。

日本の経済侵略と防穀令(ぼうこくれい)

日本は工業製品を売りつけ、食料や原料を安く手に入れるために、朝鮮を経済的に支配しようとしました。

日本は綿織物や雑貨(ざっか)などの日用品をどんどん朝鮮に売りこみました。朝鮮は開国してわずか5年で、日本との貿易額は18倍、輸入は25倍にもなりました。このような日本製品の大量輸入によって朝鮮国内の手工業はおとろえていきました。朝鮮は日本へ米・大豆・にんじんなどの農産物や大量の金を輸出しました。この**金**は、その後の日本の経済発展に大きな役割をはたしました。

また、朝鮮は安い値段で大量の農産物を輸出させられたため、農民の生活は苦しく、穀物(こくもつ)の輸出をとめる**防穀令(ぼうこくれい)**を出しました。

東学農民軍を歓迎する民衆（金達寿『朝鮮』より）全琫準(チョンボンジュン)の指揮の下に農民らは各地で歓迎され雪だるまのようにふえていきました。

農民軍の鎮圧にむかう朝鮮政府軍（錦絵）

しかし日本は、防穀令をやめさせたばかりか、賠償金(ばいしょうきん)までとりました。こうして朝鮮の産業は破壊され民衆のくらしは、ますます苦しくなっていきました。

東学農民戦争

1860年、**崔済愚**(チェジェウ)が朝鮮民族の宗教として**東学**(とうがく)をおこしました。東学は、社会を立て直し農民を救う教えとして、農民のあいだに広がっていきました。

政府は、東学をきびしくおさえ、農民からは重税をとり、外国に対しては弱腰の姿勢をつづけました。

東学の信仰は、やがて政府に反対し、外国の勢力を追放する運動に発展して、各地で農民は立ちあがりました。

1894年には**全琫準**(チョンボンジュン)のよびかけで集まった約8,000人の**農民軍**が、政府軍を破り、全羅道(チョルラド)の中心地全州(チョンジュ)を占領しました。このしらせは、たちまち全国に伝わり、各地で農民が役所をおそって役人を追放し、農民の支配する地を広げていきました。

閔(ミン)氏一族の政府は、ひそかに清国に援軍をもとめるとともに、農民軍に対して和議をもとめました。

ソウル市内を行進する日本軍

日清戦争のふうし画（ビゴー）日本人と清国人が朝鮮という魚を釣ろうとし、橋の上からは，ロシア人が機会をうかがっています。

政府は農民軍の要求をみとめて**全州（チョンジュ）和約**を結びました。これによって、横暴な両班（ヤンバン）や不正な役人の処罰・人材の登用・奴婢（ぬひ）制の廃止・女性の再婚（さいこん）の自由・日本と密通する者への厳重な処罰（しょばつ）、など12項目が決められました。

東学農民軍の戦いは、封建的な身分差別の廃止と外国の侵略に反対し、近代化をめざした革命運動でもありました。

東学農民軍の敗北

日清両国は、東学農民軍をおさえるために朝鮮に軍隊を送りました。両国は農民軍が政府の和議をうけ入れて解散したあとも、政府の撤兵（てっぺい）要求を無視してそのままいすわりつづけました。この機会に、朝鮮での勢力をさらにのばそうとした日本軍は、1894年、清に戦いをしかけ日清両国艦隊（かんたい）の交戦をきっかけに戦争をはじめました。これを**日清戦争**といいます。

日本は、朝鮮政府に**内政改革の要求**をつきつけて、実行させました。改革は、東学農民軍の要求をたくみにとり入れながらも、日本の支配権を確立しようとするものでした。

同時に、朝鮮政府内に日本人顧問（こもん）を送りこみ、政治を日本の思いのままにしようとしました。

こうした日本の侵略と朝鮮植民地化の危機（きき）を感じた全（チョン）

朝鮮の政治改革を要求する大鳥公使（錦絵）

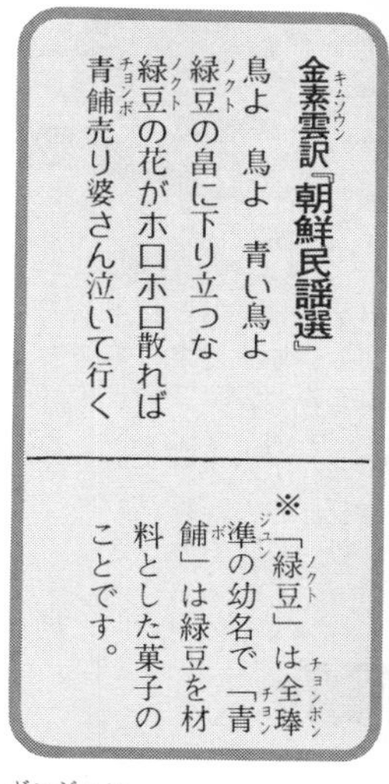

金素雲（キムソウン）訳『朝鮮民謡選』

鳥よ　鳥よ　青い鳥よ
緑豆（ノクト）の畠に下り立つな
緑豆（ノクト）の花がホロホロ散れば
青舗（チョンポ）売り婆さん泣いて行く

※「緑豆（ノクト）」は全琫準（チョンボンジュン）の幼名で「青舗（チョンポ）」は緑豆を材料とした菓子のことです。

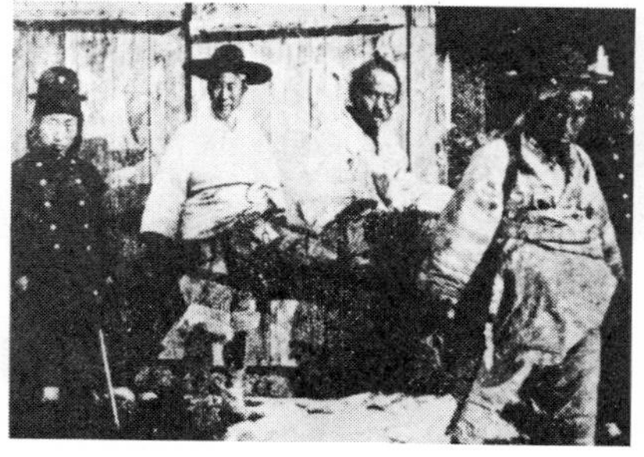

捕（と）えられた全琫準（チョンボンジュン）（右から２人目）

東学農民戦争記念碑

琫準（ボンジュン）を中心とした東学農民軍は、抗日救国（こうにちきゅうこく）を旗じるしとして、日本の言いなりになっている政府を倒し、日本の勢力を追い出して、本当の独立国をつくろうと再び立ちあがりました。農民軍は勇敢（ゆうかん）に戦いましたが、近代兵器をもった強力な日本軍と政府軍の前に敗れました。全琫準（チョンボンジュン）はとらえられて処刑（しょけい）され、犠牲（ぎせい）となった農民は40万人に達したといいます。

日本は、日清戦争に勝利をおさめ、翌年下関で講和条約をむすび、清国から遼東（リャオトン）半島、台湾、澎湖（ポンフー）諸島と賠償金（ばいしょうきん）をとり、朝鮮でも日本の支配力を強めました。

こうして朝鮮は、日本の植民地への道を歩むことになりました。敗れた農民軍の一部は山中に入り、日本軍への抵抗をつづけ、のちの**反日義兵闘争**（ぎへいとうそう）へと発展していきました。

⇧**朝鮮をねらう日本とロシア**（ビゴー）日本とロシアというにわとりが，つめではなく武器をといで朝鮮というひよこをねらっています。

⇦**明成皇后閔妃**(ミョンソン ミン ひ)（1851～1895）高宗(コジョン)の皇后で，大院君を追いだし，清と結び，のちにはロシアと結んだため，日本人に殺されました。

2 日本の侵略と日露戦争

日露の対立と乙未(ウルミ)事変

1895年、ロシア・フランス・ドイツの三国は、日本に遼東(リャオトン)半島を清国へ返すよう要求してきました。この三国の干渉(かんしょう)に、日本はしたがわざるをえませんでした。

三国干渉でアジアにおけるロシアの地位が高まり、朝鮮でもロシアの力をかりて閔(ミン)氏が再び政権をにぎりました。

こうして朝鮮における日本の勢力は、しだいに後退していきました。あせった日本は、軍隊や浪人を使って王宮に乱入し、高宗(コジョン)の妃(ひ)・明成(ミョンソン)皇后（閔妃(ミンひ)）を殺害しました。これを**乙未(ウルミ)(いつび)事変**といいます。

そののち、日本は朝鮮に親日的な政府をつくりましたが、朝鮮全土に反日の気運が高まり、反日義兵が各地におこりました。

独立門（ソウル） 自主独立をめざして独立協会が建てました。 東亜日報社『写真で見る韓国百年』より

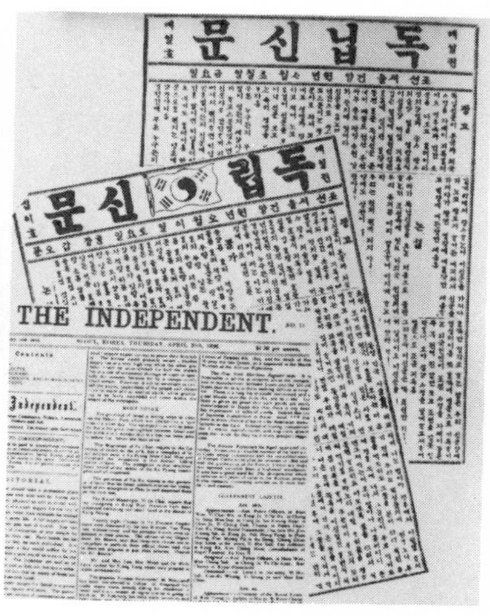

독닙신문

독립신문

THE INDEPENDENT.

独立新聞 ハングルだけを使い自主独立を説(と)きました。

独立協会と大韓帝国の成立

朝鮮政府は、内部の政治的な対立と外国の圧力によって、力をなくしてしまいました。このようなとき、自主独立の近代国家をめざす人たちによって、**独立協会**がつくられました。独立協会は、自由平等・民主主義を実現するために、憲法の制定・国会の開設をもとめるとともに、ハングルだけを使った独立新聞を発行して国民にうったえました。政府は独立協会を解散させましたが、協会への民衆の支持はつづきました。

高宗(コジョン)は独立協会や国民の声にこたえて、1897年、国号を**大韓帝国**(テハンジェグック)と改め独立をめざしました。

日露戦争と韓国

帝国主義諸国は、日清戦争に敗れた清国に侵略のほこ先をむけ、鉄道や鉱山の利権・租借地(そしゃくち)を手に入れました。

このような侵略に対し、清の民衆ははげしく抵抗し、1899年、義和団事変をおこしました。

ロシアは、満州における利権を守るという名目で大軍を

⇧大同(テドン)付近を行く日本軍

⇧日本軍の伝令(でんれい)　村の入口に立てられた悪鬼よけのチャンスンの前を走る伝令

⇦日露両軍の肉弾戦(にくだんせん)（グラフィック紙）

満州に送り、さらに南下して朝鮮半島に勢力をのばそうとしました。日本も朝鮮半島から満州への進出をねらっていました。こうして日本とロシアは、朝鮮半島と満州をめぐって対立し、1904年、**日露戦争**がはじまりました。韓国政府はただちに中立を宣言したが、日本はソウルに兵を入れて政府に「**日韓議定書**(にっかんぎじょうしょ)」をみとめさせ、日本軍に全面協力するように約束させました。しかし、日本は長期戦には国力が乏しく、ロシアも国内に革命がおこって戦争をつづけることがむつかしくなり、1905年、**ポーツマス条約**を結んで講和しました。これにより、日本はロシアからサハリンの南半分と清国から借りていた大連(ターリェン)・旅順(リュイシュン)・東清鉄道をゆずりうけるとともに、日本が韓国を支配することをロシアにみとめさせました。

韓国皇太子とならんだ伊藤博文　伊藤博文が韓国皇太子李垠(イグン)を日本に連れ帰り，日本で勉強させていたころのものです。

日本の韓国支配のふうし絵(国立国会図書館蔵)
伊藤博文は亀の姿に描かれ，右手に韓国皇太子をだき，尾は蛇(へび)となって朝鮮人にかみついています。それを笑って見ているのは親日派の朝鮮人です。

③ 日本の植民地化政策

日本による統監府(とうかんふ)の設置(せっち)

日露戦争に勝利をおさめた日本は、韓国を支配しても口出ししないという列国の承認をとりつけ、韓国に対して保護条約を結ぶよう圧力をかけました。韓国政府の抵抗にもかかわらず、日本は1905年、**乙巳(ウルサ(いつし))条約**（**保護条約**）を強制的に結び、「**保護国**」として、韓国の外交権のすべてを奪いとりました。ついで日本は、**統監府**(とうかんふ)を置き、初代統監として**伊藤博文**(いとうひろふみ)を送りこんで支配の体制をととのえていきました。このような日本の侵略行為(こうい)に対し国王高宗(コジョン)は、1907年オランダのハーグで開かれていた万国平和会議に密使(みっし)を送って、日本の侵略を訴(うった)えようとしましたが、日本の妨害(ぼうがい)にあって失敗におわりました。

この密使事件のあと、日本は高宗(コジョン)を退位させ、内政も

◐韓国軍兵営を占領した日本軍
東亜日報社『写真で見る韓国百年』より

◐日本皇太子の韓国訪問(1907) 中央が韓国皇太子李垠(イグン)，左が日本皇太子（のちの大正天皇）前列右端が伊藤博文です。

石川啄木(たくぼく)の歌
地図の上　朝鮮国に　くろぐろと
墨(すみ)をぬりつつ　秋風を聴(き)く

社会主義者の弾圧

韓国併合(へいごう)をまえにして日本政府は、朝鮮人の自由・独立・自治の権利を訴(うった)えていた幸徳秋水(こうとくしゅうすい)らの社会主義者を天皇暗殺を企(くわ)だてたとして、一斉に検挙(けんきょ)して処刑し、国内の併合反対勢力を一掃(いっそう)しました。

すべてにぎるようになりました。政府の各次官には日本人を配置し、重要な内政については、すべて統監の承認がなければならないようにしました。

日本はつづいて、財政難を口実(こうじつ)にして**韓国軍隊に解散**を命じ、日本の軍隊と警察で朝鮮民衆をおさえつけようとしました。韓国軍人たちは抵抗しましたが、日本軍におさえられ、各地に散って日本の植民地政策に反対する義兵となり、ねばり強い反日のたたかいをつづけました。

処刑２日前の安重根（1879～1910）伊藤博文を射殺して死刑となり，朝鮮では義士としてたたえられています。

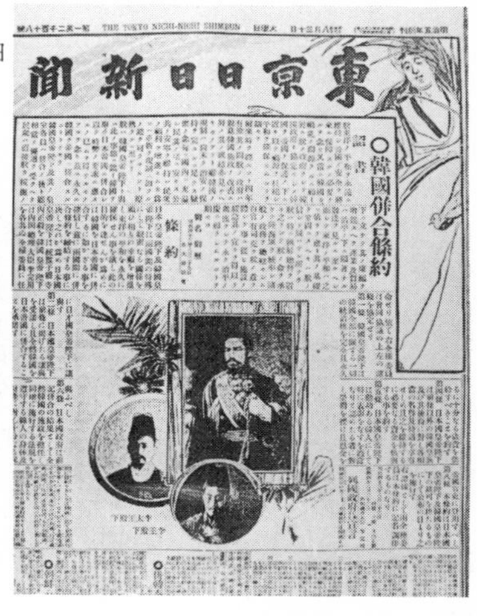

東京日日新聞

○韓國併合條約

詔書

韓国併合を報じた新聞（1910年８月30日東京日日新聞）

韓国併合

日本は韓国の主権を侵すいっぽうで、それに反対する組織や団体を解散させていきました。1909年、国の将来を心配した**安重根**は満州視察のためハルピン駅に到着した伊藤博文統監を射殺しました。

すでに韓国併合を決めていた日本は、伊藤博文暗殺を口実に軍隊を動員して、1910年８月22日併合にのり出しました。ソウル周辺に日本軍を集結させ、ソウル市内を憲兵できびしく警戒させるなかで、韓国政府に「**日韓併合条約**」を調印させました。この条約は、大韓帝国皇帝が統治権を大日本帝国天皇にゆずることを望み、天皇が受け入れるという形をとりました。それは、反対運動や戦いをおそれて、朝鮮の人びと自身が望んだことだと見せかけるためのものでした。

こうして、日本が第二次世界大戦に敗れるまで、朝鮮は日本の**植民地**として支配されることになりました。

年	回　数	義兵数	殺された義兵数
1907（明40）	323	44,116	3,627
1908（明41）	1,451	69,832	11,562
1909（明42）	898	25,763	2,374
1910（明43）	147	1,891	125
1911（明44）	33	216	9
合　計	2,852	141,818	17,697

◁**1907〜1911年の義兵闘争（とうそう）**　朝鮮駐劄軍司令部編纂『朝鮮暴徒討伐誌』より

朝鮮人の義兵　農民や旧軍人たちで貧弱な武器だが愛国心にもえ，日本軍をなやましました。
東亜日報社『写真で見る韓国百年』より

処刑される義兵　鉄道への妨害（ぼうがい）者は銃殺にされました。
東亜日報社『写真で見る韓国百年』より

反日義兵闘争

反日義兵闘争（とうそう）は、乙未（ウルミ（いつび））事変以後各地でしだいに高まっていきました。「韓国併合」が発表されると、朝鮮民衆の怒りは爆発して、全国各地で日本の侵略に抵抗する戦いがおこりました。

日本は軍隊を動員して、てってい的におさえようとし、近代兵器で無差別の殺人をおこない、少しでも疑いがあれば村を焼き払うという弾圧（だんあつ）をくりかえしました。

このような弾圧によって、義兵闘争は形をかえ、地下運動や山岳地帯、北部国境地帯の戦いに移っていきました。

武器をもった抵抗運動だけでなく、教育や文化の面でも**反日運動**がおこりました。たくさんの文化団体が生まれ、愛国精神を訴えた機関紙を発行し、私立学校をつくって愛国青年を養成したり、愛国・革命運動に関する本を出版したりして反日愛国を民衆に訴えました。こうした運動に対しても、日本軍は弾圧と迫害（はくがい）をくりかえしました。

朝鮮総督府　日本の朝鮮支配の象徴として朝鮮人を威圧しました。

寺内正毅のソウル入り　初代総督として武断政治を行いました。

サーベルをもった小学校の先生

日本の憲兵警察政治

日本は植民地とした朝鮮を支配するために、**朝鮮総督府**をおきました。

総督は朝鮮支配の最高責任者であって、法律を作り、犯罪者を罰し、朝鮮にいる日本の陸海軍の指揮をとりました。

総督の下で朝鮮民衆の取りしまりにあたったのが、憲兵と警察でした。反日運動をおさえるためにおかれた憲兵は、併合後、警察を指揮するようになって**憲兵警察**とよばれました。憲兵警察の目は、朝鮮人の日常生活のすみずみにまで光っていました。

初代総督の寺内正毅は「朝鮮人はわれわれの規則にしたがうか、死かのどちらかを選ばなければならない」といって逮捕と処刑をくり返しました。このような政治を**武断政治**といいます。

東洋拓殖会社　日本の経済侵略の拠点となりました。

東亜日報社『写真で見る韓国百年』より

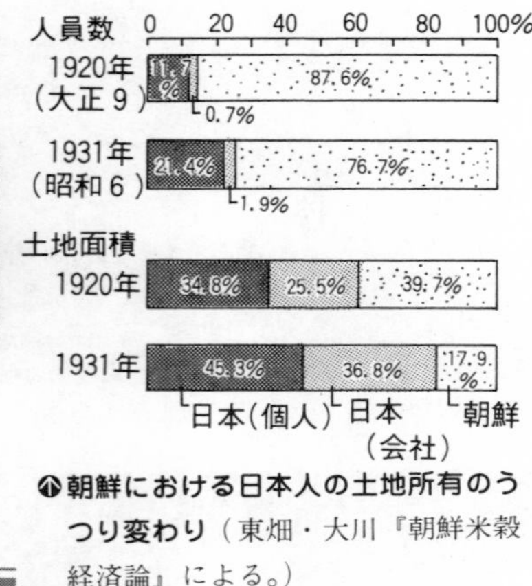

朝鮮における日本人の土地所有のうつり変わり（東畑・大川『朝鮮米穀経済論』による。）

小学校での教育内容も、朝鮮語の授業を少なくして、**日本語の学習**の時間を多くしました。また朝鮮の地理や歴史はまったく教えませんでした。言語や地理・歴史の教育は、民族精神を養うものとして禁止したのです。役人や教員にまで、そでに金筋をまいた制服を着用させ、腰に長いサーベルをつけさせました。それは支配者としての日本人の威厳をしめすためでした。

土地調査と土地のとりあげ

日本は、1910年から「**土地調査事業**」を実施しました。これは朝鮮全土の土地を測量して、それぞれの土地の所有者をきめ、土地台帳に記入するというもので、そのために個人が所有している土地を申し出るようにさせました。しかし朝鮮の農民は、昔から国の土地を借りて耕作していると思っていたので、申し出ないものが多くいました。総督府は申し出なかった農民の土地や農民の共同所有地・李氏朝鮮政府の土地などをすべてとりあげて国有地とし、それを**東洋拓殖会社**や日本からの移民に安い値段で払い下げました。1918年土地調

朝鮮に渡った日本人

朝鮮には、総督府(そうとくふ)の役人・軍人・警察官・日本企業(きぎょう)の社員だけでなく、朝鮮で一旗あげようとする日本人が、次つぎと渡ってきました。
その日本人には2つの型(かた)がありました。「1つは成功型で、これは長く朝鮮に住み、朝鮮語もたくみで親切そうに朝鮮人に金を貸し、高い利息(りそく)をとり、抵当(ていとう)の土地をとりあげて財産をふやしていったもの。もう1つはチンピラ型で、小さなことでも横車をおし、朝鮮人をいじめて、いばっている連中です。」（保高徳蔵『道』より）

米の対日輸出
東亜日報社『写真で見る韓国百年』より

朝鮮産米と対日輸出の動向
（菱本長次『朝鮮米の研究』1938年より作成）

年次	生産高 (A)		対日輸出高 (B)		B/A (%)	朝鮮人1人当年間消費量		日本人1人当年間消費量	
	実数（千石）	指数	実数（千石）	指数		実数（石）	指数	実数（石）	指数
1915〜19年平均	13,978	100	1,930	100	13.8	0.707	100	1,117	100
1920〜24年平均	14,421	103	3,299	117	22.9	0.638	90	1,130	101
1925〜29年平均	14,821	106	5,850	303	39.5	0.512	72	1,117	100
1930〜36年平均	16,842	120	8,160	423	48.5	0.426	60	1,076	96

査がおわったときには、朝鮮全体の耕地面積の半分以上が、わずか3％にすぎない地主の土地となり、しかもその大部分が、日本人の所有になってしまいました。土地調査事業は、田畑だけでなく林野にもおよび、それまで農民が共同利用してきた森林、山野は、国有地として日本人に貸しつけられ、造林が成功すると払い下げる方法をとったため、東洋拓殖(たくしょく)・三井・住友などの大会社が広大な森林を手に入れるようになりました。

米のとりあげ

朝鮮総督府(そうとくふ)は、朝鮮人から土地をとりあげたあと、鉄道・港湾(こうわん)・通信などを軍事上の必要から直接経営とし、たばこ・朝鮮にんじん・塩などを専売(せんばい)にして、その利益をひとりじめにしました。

1918年に日本で米のねだんがひじょうに高くなったため

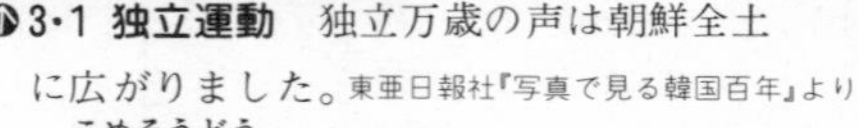

3・1 独立運動　独立万歳の声は朝鮮全土に広がりました。東亜日報社『写真で見る韓国百年』より

柳寛順(ユグァンスン)(1904～1920) 15歳の少女ながら，独立運動の先頭に立ちました。

に、米騒動がおこると、総督府は**米の増産**を命令しました。

朝鮮では日本に併合される前から、米の収穫高は大幅にのびてきていたが、日本によって強制的に買いあげられる米の量は9倍にもふえ、収穫の半分は日本に移出させられました。そのため朝鮮人は、米を作りながら米を食べることができず、中国東北部(満州)から輸入した大豆・あわ・きびなどの雑穀を食べねばなりませんでした。

3・1独立運動

1910年代に入って、世界には新しい動きが出てきました。

1911年中国では、**辛亥革命**がおこって清朝がほろび、中華民国が成立しました。

1917年には、**ロシア革命**がおこって帝政ロシアが倒され、社会主義のソビエト連邦がつくられました。1918年には、第一次世界大戦がおわり、アメリカ大統領ウイルソンの、民族はそれぞれ独立の国家をつ

⬆3・1 **独立運動** 女子学生も万歳を叫んで町をねり歩きました。東亜日報社『写真で見る韓国百年』より

くるべきであるという「**民族自決主義**」を基本に講和会議が開かれ、多くの民族国家が独立しました。

こうした世界の動きは、植民地として苦しめられていた諸民族に、独立への希望をあたえました。

朝鮮においても、独立への大きな動きがおこりました。

義兵闘争や文化・教育などを通じての愛国運動を受けつぎ、反日・独立運動をねばり強くたたかってきた人びとは、憲兵警察のきびしい監視のもとで、愛国運動をつづけてきたキリスト教・天道教（東学の後身）の人びととも連絡をとり合って、独立運動の準備を進めました。

1919年2月8日、日本にいた朝鮮人留学生およそ600人が、東京神田のＹＭＣＡ会館で集会を開いて、独立宣言文を発表しました。この「**2・8独立宣言**」は、朝鮮の民衆を大きくはげまし、宗教家を中心とした33名の代表の署名による独立宣言文がつくられ、秘密のうちに朝鮮全土に配布されました。**3月1日**、高宗の国葬のために地方からも多くの民衆がソウルに集まってきました。ソウル市内の

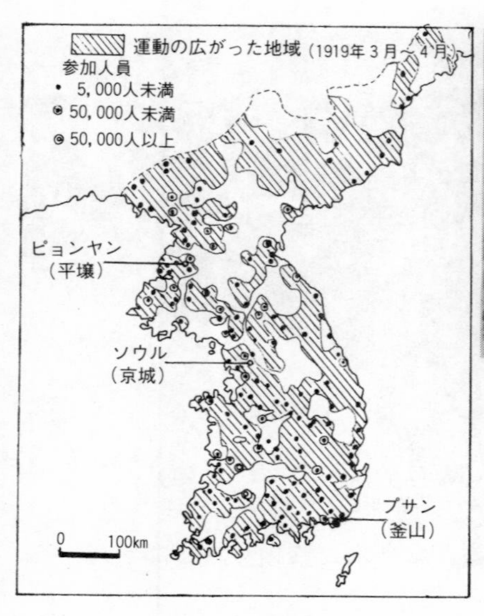

捕（とら）**えられた朝鮮人**　日本の憲兵警察は，手あたりしだいにつかまえました。

3・1 独立運動の広がった地域

パゴダ公園には、市民・学生・労働者数千人が集まり、その中で**独立宣言**が発表されました。人びとは、大極旗（テグクキ）をふり、独立万歳（ばんざい）を叫びながらソウルの町にくり出しました。みるみるうちに、ソウル市民や国葬に集まった地方の人びとをまきこみ、デモ参加者は数十万人にもふえ市内をうめつくしました。同じ日、平壌（ピョンヤン）・安州（アンジュ）・義州（ウィジュ）・元山（ウォンサン）など各地でもデモ行進がおこなわれ、全国に広がっていきました。

この運動は、約1年近くつづき、はじめの3か月だけでも200万人をこえる人びとが参加するという朝鮮民族あげての独立運動に発展しました。これを**3・1独立運動**といいます。武器をもたないこの独立運動に対し、日本は朝鮮にいる軍隊・憲兵・警察だけではおさえられず、日本本土から応援（おうえん）の軍隊を送り、てってい的に弾圧しました。

はじめの3か月だけで、死者7,500名、負傷者16,000名、逮捕者（たいほしゃ）47,000名に達したといいます。

日本人の良心と勇気のある訴え

光化門　『今日の韓国』誌提供

日本人の中にも、3・1独立運動に対するきびしい弾圧に反対した良心と勇気のある人もいました。**柳宗悦**(やなぎむねよし)は、3・1独立運動について「黙(もく)していることが、私には一つの罪と思えた」と、1919年読売新聞に「朝鮮人を想(おも)ふ」という文を発表し、「反抗(はんこう)する彼等より一層愚(おろ)かなのは、圧迫(あっぱく)する吾々(われわれ)である。」とのべました。

また国王の権威のかわりに、朝鮮総督の権威をしめすために、李朝の王宮景福宮(キョンボククン)の正面に朝鮮総督府を建てはじめ、景福宮(キョンボククン)の正門である光化門(クワンファムン)を破壊しようとしました。柳宗悦(やなぎむねよし)は「失われんとする一朝鮮建築のために」を発表して、ソウルの景観(けいかん)を守ることを訴えました。これによって光化門は、別の場所に移されたが、破壊はまぬがれました。

また東京大学教授矢内原忠雄(やないはらただお)は、3・1独立運動について「朝鮮民衆の勝利であった。総督政治の敗北であった。サーベル政治の破滅(はめつ)であった。」と日本の武断政治を批判しました。

文化政治

3・1独立運動ののち、日本は「武断(ぶだん)政治」では、かえって朝鮮人の反抗をまねくと考え、**「文化政治」**という植民地政策に改めました。

表面的には、憲兵警察を普通警察にかえ、教師や役人が剣をつるのを廃止し、府や面(めん)（村）に協議会をつくったり、朝鮮人を役人に採用するなどしました。しかし実際には、警察官を3倍にふやし、朝鮮人に対する監視(かんし)は以前にもまして厳(きび)しくし、少しでも植民地統治に危険(きけん)と思われる人物は、逮捕(たいほ)するなど巧妙(こうみょう)に弾圧しました。これまでまったく禁止されていた集会や出版も制限つきでみとめたため、朝鮮語の新聞や雑誌が発行されました。

しかし厳しい検閲(けんえつ)をおこなって、少しでも日本の政策に反したときは、発行禁止や集会の中止を命じました。

	成年労働者				幼年労働者		
	日本人		朝鮮人		日本人	朝鮮人	
	男	女	男	女	(男)	男	女
1935年	1.83	1.06	0.90	0.49	0.81	0.49	0.30
1936年	1.85	1.04	0.92	0.47	0.82	0.41	0.30
1937年	1.88	0.98	0.95	0.48	0.85	0.42	0.31

日本人と朝鮮人の工場賃金の比較(単位:円)
(細川嘉六『植民史』より)

	8時間以内	10時間以内	12時間以内	12時間以上	不定
朝　鮮	0.8	28.7	11.9	46.9	0.3
日　本	1.4	45.3	43.6	0.3	—

日本と朝鮮での労働時間別労働者数の比率(%)
朝鮮は1931年末,日本は1930年10月の調査(細川嘉六『植民史』より)

4 日本への移住

朝鮮人の移住

日本による土地の取りあげ、米の取りあげなどの植民地政策によって、土地を奪われ、ふる里を追われ流浪の旅にでた人たちは、都市に集まってきました。しかし都市では、まだ工業が発達していなかっただけでなく、「**朝鮮工業令**」によって日本が必要とする工場しかつくらせなかったため、仕事をもとめる流民は、日本や中国東北地方に移住しなければなりませんでした。無一文で日本に渡ってきた人びとは、都市の貧民となって土木作業員や日雇労働者、あるいは鉱山、炭坑の坑内作業員として、**低賃金**で**長時間**の**重労働**につかされました。そのうえ病気やけがをしても補償さえしてもらえませんでした。このような朝鮮人の悪い労働条件は、日本人労働者の賃金を安くおさえ、職を奪うことにもなりました。

⬆**自警団**（井上洗厓画） 戒厳令がしかれ，各所に自警団が組織されました。

➡**関東大震災**（鹿子木孟郎画の一部）

それが日本人労働者に朝鮮人に対する**差別意識**を植えつけることになり、日本政府も国民に対して朝鮮人差別を助長するようにしていきました。

関東大震災と朝鮮人虐殺

第一次世界大戦がおわり、ヨーロッパ諸国の生産が回復してくると、日本の輸出はしだいにふるわなくなり、商品は売れず工場が倒産して失業者があふれ、世の中は不景気になっていきました。

どんなに悪い労働条件でも生きるために働かねばならない朝鮮人労働者と日本人労働者のあいだにも対立と差別が深まっていきました。このような1923年9月1日、関東地方を中心に**大地震**がおこりました。ちょうど昼食の時間であったため、倒れた家から出火して大火災となり、火は3日間も燃えつづけ、東京の全家屋の3分の2にあたる41万戸を焼きつくしました。横浜でも被害家屋は、95パーセントにも達しました。被害地域は7府県におよび、被害をうけた人350万人、死傷者・行方不明者は16万人にものぼり

虐殺された朝鮮人　東京府神奈川県を中心に殺された朝鮮人の数は6500名以上に達しました。

日本軍に捕えられた朝鮮人

ました。日本の政治・経済の中心地東京は、大混乱におちいりました。この混乱のさなかに「朝鮮人が放火した」「朝鮮人が井戸に毒を投げ入れた」「朝鮮人や社会主義者が暴動をおこしておそってくる」などのうわさが流され、人びとをますます不安と恐怖におとしいれました。

政府は戒厳令をしいて、軍隊を町に出動させ警戒にあたらせました。町まちにも、青年団・消防団・在郷軍人などによって自警団がつくられ、朝鮮人とみると、とらえて警察に突き出したり、殺しました。

軍隊も多くの朝鮮人をとらえ、銃殺にしました。こうして朝鮮人であるというだけで殺された朝鮮人の数は、6,500人に達したといわれています。

日本政府は、このような民衆の不安と混乱を利用して、社会主義運動や朝鮮の独立運動をとりしまりました。

また政府に対する民衆の不満をそらせるために、日本人と朝鮮人を**敵対**させ、**差別**をあおる政策をつづけ、朝鮮を足場に中国侵略の準備を進めていきました。

5 日本の侵略戦争と朝鮮人

日本の侵略戦争

1929年アメリカではじまった不景気は、たちまちのうちに世界中をまきこんでいきました。これを**世界大恐慌**といいます。

世界大恐慌の波は日本にも押し寄せ、農村では農作物のひどいねさがりで大打撃をうけ、都市では倒産がつづいて失業者があふれました。

そのため小作争議や労働争議がはげしくなりました。

日本政府は、このような政治的・経済的な危機を軍需産業の拡大と大陸への侵略によってのりきろうとしました。

広大な土地と豊かな資源をもつ中国東北地方（満州）を侵略することによって、市場を広げ、安い原料を手に入れようとしたのです。日本は大軍を朝鮮に送りこんで戦争の準備をととのえ、1931年「**満州事変**」をおこして、翌年「満州国」をつくりあげました。満州国政府の役人は、日本が任命し、軍隊や警察をはじめ鉄道もすべて日本がにぎっていました。

こうしたなかで、日本軍部は政治への発言力を強め、やがて軍部が日本の政権をにぎり、いっそう中国への侵略を進め、1937年中国との全面戦争に突入していきました。

日中戦争が長期化するにともない、資源を手に入れようとした日本は、東南アジアへも侵略のほこ先を向け、すでに植民地として勢力をのばしていたアメリカやイギリスなどとも対立を深め、1941年12月ついに**太平洋戦争**に突入し

	1931（昭和6）年 生産高	（%）	（指数）	1938（昭和13）年 生産高	（%）	（指数）
農産物	702,855千円	63.1	100	1,574,787千円	49.5	224
林産物	59,413	5.3	100	167,749	5.3	282
水産物	77,562	6.9	100	189,824	5.9	245
鉱産物	21,741	2.0	100	※110,429	3.4	508
工産物	252,924	22.7	100	1,140,119	35.9	451
計	1,114,494	100	100	3,182,908	100	277

↑朝鮮の産業別生産高

※印だけは，1936年の数字（細川嘉六『植民史』より）

	全体	印刷製本	金属	機械器具	化学	ガス・電気	窯業	紡績	木材	食品	その他
朝鮮人	6%	43	2	42	0	0	0	15	10	7	8
日本人	94%	57	98	58	100	100	100	85	90	93	92

←朝鮮の工場資本の比率

（『アジアの工業』東洋経済新報社）

ていきました。

朝鮮の軍事工業化

1931年「満州事変」をおこして中国大陸への侵略をはじめた日本は、朝鮮を**軍事基地**にしようとしました。まず大陸の戦場へ軍隊や軍需品を送るために、鉄道・道路・港湾・飛行場などを大いそぎで建設しました。また水力発電や金・石炭・鉄鉱・黒鉛などの豊かな地下資源も軍需用として開発していきました。

さらに日本から機械を運びこんで、製鉄・製鋼・軽金属・人造せんいや兵器工場が朝鮮各地につくられました。

朝鮮人の働き場所はふえましたが、日本人の半分か3分の1の低賃金で長時間の労働をさせられました。しかも工場や鉱山のほとんど全部が、日本の三井・三菱などの財閥によってひとりじめにされていました。朝鮮の工業化は、朝鮮の資源と労働力を安く使うためのもので、朝鮮人の生活向上には、まったく役立ちませんでした。

国旗に敬礼　国旗の下に集まり宮城ようはい「皇国臣民の誓詞」を唱えました。
東亜日報社『写真で見る韓国百年』より

朝鮮神宮　祭神は天照大神と明治天皇で朝鮮人に参拝を強制しました。
東亜日報社『写真で見る韓国百年』より

皇民化政策

日本は、朝鮮人から民族の誇りや魂をうばって日本人化し、戦争に協力させようとして**皇国臣民化運動**（皇民化運動）をはじめました。

学校の授業は、すべて**日本語**でおこなうようにし、休憩時間であっても朝鮮語を使うことを禁止しました。

朝鮮の歴史や文化については、授業も研究も禁止されました。一般の朝鮮人に対しても日本語の使用をすすめ、役所での手続きや鉄道のキップを買うときなどは、日本語でなければなりませんでした。朝鮮語を研究して、朝鮮語の辞典をつくろうとしていた学者たちは、それだけで独立運動をしたとして投獄されました。

日本は「**皇国臣民の誓い**」というものをつくって、学校や職場の朝礼で全員に唱えさせ、天皇のいる東京の宮城に向かっておじぎをさせました。さらに、各地に日本の神宮や神社を建て、各家庭には「天照大神」のおふだをまつり拝ませました。

服装も民族服を着るのを禁止して、「国民服」という日本人にも強制した服を着るように命令しました。

少国民の錬成　小学生から皇民化運動と徴兵制実施の準備が進められました。

創氏改名
東亜日報社『写真で見る韓国百年』より

学年		1	2	3	4	5	6	合計
1911年の朝鮮教育令	国語（日本語）	10	10	10	10	—	—	40
	朝鮮語及び漢文	6	6	5	5	—	—	22
1922年の朝鮮教育令	国語（日本語）	10	12	12	12	9	9	64
	朝鮮語	5	5	3	3	2	2	20
1938年の朝鮮教育令	国語（日本語）	10	12	12	12	9	9	64
	朝鮮語	4	3	3	2	2	2	16

普通学校における「国語」・朝鮮語教授時数（毎週）
（李淑子『教料書に描かれた朝鮮と日本』より作成）

皇国臣民の誓詞（小学生向け）
一、私共は大日本帝国の臣民であります。
二、私共は心を合わせて、天皇陛下に忠義をつくします。
三、私共は忍苦鍛錬して立派な強い国民になります。

1939年には、朝鮮人の姓名を日本式にかえるという「**創氏改名**」を実施しました。朝鮮人にとって、先祖代々受けついできた姓名を日本式に改めることは、たえがたいことでした。姓名を奪われた朝鮮人は、はげしく抵抗しました。

しかし朝鮮名のままでは、役所で書類などを受けつけず、子どもは学校にも入れませんでした。さらに食糧の配給も受けられないようにしたので、朝鮮人の大部分が、やむなく日本名に改めました。

このように皇民化政策は、侵略戦争に協力させるために朝鮮人の歴史や文化・民族としての心まで、すべてを奪いとって、日本人化をおしつけるというものでした。

↑**徴用される朝鮮人**　労働力を確保するため朝鮮人も工場に動員されました。

↖**母と子の別れ**　朝鮮人学生も戦場に出陣させられました。　東亜日報社『写真で見る韓国百年』より

←**少年兵**　東亜日報社『写真で見る韓国百年』より

徴兵・徴用・強制連行

日中戦争がはじまると、日本国内の農村・工場・炭坑・鉱山などから働き手が軍人として戦場に出ていきました。日本政府は、1938年戦争に必要なあらゆる資源を利用できるように「**国家総動員法**」を出して、戦争体制を強化していきました。

日本政府は、植民地支配に対する朝鮮人の抵抗を恐れて、これまで朝鮮人にはいっさい武器を持たさない方針をとってきました。しかし戦争が長びき、軍人と労働力の不足が生じて、朝鮮人にも武器を持たせて、戦場にかり出すようにしました。

1938年には、陸軍特別志願兵制度をつくり、太平洋戦争に突入後の1943年には、海軍特別志願兵制度、学徒志願兵制度をつくりました。そして1944年には、朝鮮人に対して

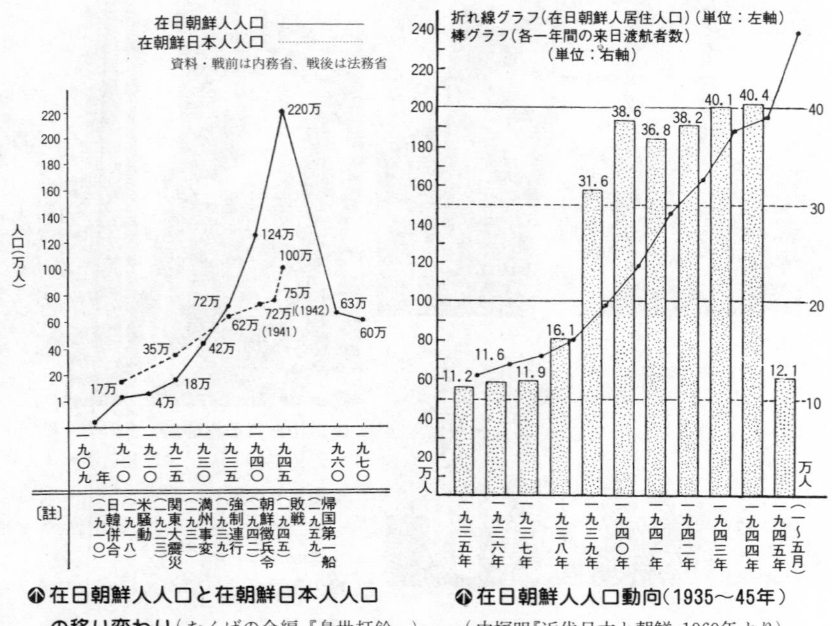

在日朝鮮人人口と在朝鮮日本人人口の移り変わり（むくげの会編『身世打鈴』）

在日朝鮮人人口動向(1935〜45年)（中塚明『近代日本と朝鮮』1969年より）

も**徴兵制度**を実施して、すべての青年男子に**兵役**の義務をおしつけ、むりやりに戦場へとかり出しました。こうして戦場に送られた朝鮮人の数は、軍人23万人、他に軍属の名目で15万人をこえ、多くの人が戦死し、傷つきました。

1939年日本政府は、**国民徴用令**を出して、強制的に軍需工場へ送りこむ徴用をはじめました。

また朝鮮人を動員して、労働力の不足をおぎなおうと考えました。はじめは募集という形でしたが、のちには面（村）に人数を割り当て、役人や警察が無理やりに連れていくようになりました。

連合国軍の反攻で戦局が日本に不利になりだした1944年には、日本国内でも中学生や女学生まで軍需工場に動員しました。

政府は朝鮮人に対しても国民徴用令をあてはめて、政府の命令で朝鮮人を強制的に日本へ送りこむ「**強制連行**（きょうせいれんこう）」をはじめました。

1939年から1945年のあいだに、強制連行された朝鮮人は80万人をこえ、炭坑や鉱山・ダムや道路の建設現場・軍需工場などに送られました。こうして日本に住む朝鮮人の数は、1945年には236万５千人にも達しました。

戦時下の日本人の生活はどん底でしたが、朝鮮人の生活はさらに低く、そのために死亡した人は６万人にものぼりました。

あまりにもひどい奴れいのようなあつかいに強制連行された朝鮮人のうち22万人もが逃亡しました。つかまれば、食事ももらえず、なかには殺された人もありましたが、それでも逃亡はたえませんでした。またストライキをおこして、待遇（たいぐう）の改善を要求したこともありました。

朝鮮人の強制連行の証言（しょうげん）

強制連行は人さらい　「憲兵とともに上陸して、トラックにのり、町を歩いている者や田んぼで働いている者など、手あたりしだいに役に立ちそうな者は、かたっぱしから、そのままトラックにのせて、船で送り、日本につれてきた。だから着がえもない着たきりすずめ。まったくむちゃくちゃでした。徴用（ちょうよう）というが、人さらいですよ。」

（福岡県、在日朝鮮人殉難慰霊祭（じゅんなんいれいさい）実行委員会編『兄弟よ、安らかにねむれ』日本人労務係の話より）

奴れいのような炭坑労働　「朝４時にたたきおこされ、５時半に入坑（にゅうこう）して、夕方の７時か８時にやっと飯場（はんば）に帰る。部屋（へや）に入ると外から錠前（じょうまえ）がかけられ、ちょうど刑務所（けいむしょ）と同じだった。

オモニに会いたいよ　筑豊炭坑朝鮮人寮の壁に刻まれた文字。〝オモニ(お母さん)に会いたいよ〟〝おなかがすいたよ〟〝故郷に帰りたい〟と書かれています。

強制連行された朝鮮人　八幡市で警官の監視の下で土木作業をさせられる朝鮮人

なにをうらもか　国さえほろぶ
家の亡ぶにふしぎない
運ぶばかりで帰しちゃくれぬ
連絡船は地獄船

金素雲訳『朝鮮民謡選』より

坑内の案内板　いかに多くの朝鮮人が動員されていたかがわかります。

地方別	移入数	消耗歩合					差引10月末日現在歩合
		逃走	痴気送還	満期帰鮮	死亡	その他	
福岡	—	44.0	3.5	3.4	0.5	6.9	41.7
常磐	—	34.2	9.6	11.6	0.8	2.8	41.0
札幌	—	15.6	4.5	15.8	2.1	2.5	59.5
合計	—	35.6	4.3	7.3	0.9	5.5	46.5

朝鮮人労働者移動調(1942年10月)
朴慶植『強制連行の記録』
1939〜1942年の3か年間に連行された朝鮮人の移動状況。半数以上がへっています。とくに35.6%の逃亡が目立ちます。

日給は5円ということだったが、実際は3円しかもらえず、代用地下たび1円50銭、わらじ代30銭、ふとん代35銭、食費1円20銭、月末には、1円か2円もらうのがせきのやまで、借金をせおうことが多かった。

当時は、はきものがなく、代用地下たびの上にわらじをはいたが、それも1日しかもたず、はだしで仕事をすることが多かった。

食事は塩じると豆ごはん、それも茶わん1ぱいしかなかった。暴動をおこそうとしたが、うまくいかず、逃げることもむずかしかった。鉄道のレールの上に手をのせ、石をつんだ貨車をおしてもらって小指をつぶし、病院にかよい、逃げようとした。」

(朴慶植『朝鮮人強制連行の記録』金善永氏のはなしより)

↑大韓民国臨時政府をつくった人びと

東亜日報社『写真で見る韓国百年』より

→独立軍兵士とその武器

東亜日報社『写真で見る韓国百年』より

⑥ 民族解放のたたかい

根強くつづく抗日(こうにち)・独立運動

3・1独立運動は、日本の武力によっておさえつけられたが、すべての朝鮮人に独立への希望と勇気をあたえ、その後も根強い独立運動がつづけられました。3・1独立運動のさなか、中国の上海(シャンハイ)に「**大韓民国臨時(りんじ)政府**」がつくられました。臨時政府は、ベルサイユ会議に朝鮮の独立を働きかけるなど、世界に日本の侵略の実情を訴(うった)え、ねばり強い活動をつづけました。

当時、中国東北部から沿海州(えんかいしゅう)にかけての地域には、100万の朝鮮人が住み、多くの義兵が活動していました。白頭山(ペクトゥサン)の北の間島(カンド)地方は独立運動の根拠地(こんきょち)となり、各地の義兵が集まって**独立軍**を組織しました。独立軍は朝鮮国境地帯で日本軍と戦い、1920年の青山里(チョンサンリ)の戦いでは、数倍にものぼる日本軍をうち破りました。日本軍は、独立軍の基地(きち)

⬆**6・10万歳運動**　日本軍の厳戒の下でも独立万歳運動は広がりました。

⬅**光州(クァンジュ)学生抗日運動記念碑**　東亜日報社『写真で見る韓国百年』より

間島(カンド)をおそい、独立軍だけでなく村民まで殺しました。

また義士(ぎし)・烈士(れっし)とよばれた愛国者が、日本の侵略の指導者や植民地支配の役所をねらい撃ちにする事件もおこりました。労働組合・農民組合が組織され、1925年にはひそかに朝鮮共産党もつくられました。

1926年国王純宗(スンジョン)の国葬(こくそう)を機に、再び独立万歳(ばんざい)を叫ぶデモがおこり、各地に広がりました。これを**6・10万歳(マンセ)運動**といいます。1928年には、元山(ウォンサン)の労働者がはげしい弾圧にもかかわらず、3か月におよぶストライキをおこない、各地に労働争議や小作争議がおこりました。

1929年には、全羅南道(チョルラナムド)光州(クァンジュ)で日本人学生が、朝鮮人女学生をぶじょくしたことからけんかがおこりました。警察は、一方的に朝鮮人学生を悪いときめつけて逮捕(たいほ)したことがきっかけとなって、植民地教育と民族差別に抗議(こうぎ)し、独立をさけぶ「**光州(クァンジュ)学生抗日運動**」に発展しました。

この学生抗日運動は、朝鮮全土に広がり、学生たちはストライキでたたかいました。

➡消された日の丸

1936年ベルリンオリンピックのマラソンで朝鮮の孫基禎が優勝しました。表彰台の孫選手(右)。朝鮮の「東亜日報」は，孫選手の胸の日の丸を消した写真をのせて抵抗と民族独立の気持ちをあらわしました。(左)

東亜日報社『写真で見る韓国百年』より

独立・解放への戦い

植民地下の朝鮮民衆をはげましたのは、国外における独立への戦いでした。

1919年以降、上海の大韓民国臨時政府は独立への外交努力をつづけていました。

1931年日本軍が、中国東北部への侵略（満州事変）をはじめると、中国東北の各地に抗日遊撃隊がつくられ、1934年には金日成を指導者として、**朝鮮人民革命軍**が組織されました。人民革命軍は、白頭山を根拠地として、山中に学校や病院・工場までつくり、解放の日まで日本軍と戦いました。1937年日中戦争がはじまると、金九ら大韓民国臨時政府は、中国各地にいた義兵を集めて**韓国光復軍**を編成し日本軍と戦いました。

1941年日本が太平洋戦争に突入すると、重慶に移っていた大韓民国臨時政府は、日本に対して宣戦を布告して、連合国軍とともに対日戦に参加しました。

中国の延安では**朝鮮独立同盟**がつくられ、独立義勇軍

人民革命軍の戦い

抗日の呼びかけ　山奥の木にきざまれた「独立のため日本軍と戦おう」という呼びかけ。

韓国光復軍

が華北で日本軍と戦っていました。アメリカにおいても、亡命した朝鮮人によって独立運動がつづけられました。

イタリアが連合国に降伏した直後の1943年、アメリカ・イギリス・中国の代表が、カイロに集まって日本との戦争について話し合い、**「カイロ宣言」**を発表しました。

カイロ宣言のなかには、「朝鮮人民の奴隷状態を考え、やがて朝鮮を自由な独立国にする」と記されていました。

こうした国外での独立へのたたかいやカイロ宣言は、ひそかに朝鮮国内に伝えられ、朝鮮民衆に大きな希望をあたえました。

1944年には、朝鮮国内にも呂運亨らによって、ひそかに**建国同盟**が組織され、国外の独立運動と連絡をとりながら、解放の日の準備を進めていました。

第7章

朝鮮民族の解放と分断の悲劇

⓪解放のよろこび ソウルの刑務所から解放されて，民衆の歓迎にこたえる独立運動の闘士たち。東亜日報社『写真で見る韓国百年』より

解放のよろこび
36年間のねばり強いたたかいのすえ，まちにまった解放の日をむかえた朝鮮人は，町に出て解放をよろこび，民主政権の樹立をさけびました。
東亜日報社『写真で見る韓国百年』より

1 朝鮮民族の解放

8・15独立と民族の解放

1945年8月15日、日本は、ポツダム宣言を受け入れ、連合国に無条件降伏をしました。

ポツダム宣言には、カイロ宣言にうたわれていた朝鮮の独立が明記されていました。こうして朝鮮は36年間におよんだ日本の植民地支配から解放されました。

朝鮮全土はもちろん、国外においても「独立万歳」の声がとどろき、民族服を身につけて、太極旗(テグッキ)をふり、町をねり歩き、解放の喜びがみちあふれました。

日本においても、日本人が敗戦のショックと不安で焦土(しょうど)に立ちつくしたこの日、在日朝鮮人は、祖国の解放と日本におけるどれい労働からの解放を喜び合いました。

日本敗戦の日、ソウルにおいては呂運亨(ヨウニョン)、安在鴻(アンジェホン)を中心に「建国準備委員会」が組織され、新しい国づくりの準備をはじめました。そしてソウルで全国人民代表者会議を開き、9月6日に朝鮮人民共和国の成立を宣言しました。

⇐**解放のよろこび**　人びとは独立万歳を叫んで町や村をねり歩きました。東亜日報社『写真で見る韓国百年』より

⇒**乗船する日本人引き揚げ者**　敗戦によって，すべての日本人は引き揚げました。

2 南北に分断された朝鮮

米ソの占領と38度線

日本が降伏するとすぐ、アメリカとソ連の話し合いによって、**北緯38度線**を境に朝鮮半島は、アメリカとソ連に分割占領されることになりました。アメリカ軍が進駐した朝鮮半島南部では、連合軍（アメリカ）の軍政がしかれました。

ソ連軍が進駐した北部では、北朝鮮臨時人民委員会がつくられ、新しい国づくりをはじめました。

しかし、アメリカとソ連の間に、戦後世界の支配をめぐって〝**冷たい戦争**〟がはじまると、38度線は、アメリカ・ソ連の対立の最前線となり、南北統一政府をつくるという朝鮮民衆の願いは、ますます困難になっていきました。

大韓民国と朝鮮民主主義人民共和国

1945年モスクワで開かれた米・英・ソ3国外相会議は、朝鮮を米・英・ソ・中4国による5か年以内の信託統治と、そのもとに朝鮮臨時政府の樹立などをきめました。この決定に対し朝鮮の政治家

北緯38度線

朝鮮民族を分断する北緯38度線は、もともと日本軍の管轄を分けるためのものでした。第二次大戦末期、38度線以北の朝鮮は、満州の関東軍の指揮下にあり、38度線以南は大本営直属の第17方面軍に分けられていました。1945年8月15日、日本が降伏した時、38度線以北の関東軍はソ連軍に、以南の第17方面軍はアメリカ軍に武装解除をされることになりました。そのための一時的、便宜的な米ソ両国軍の境界線であったのです。それが米ソの進駐、対立以来、悲劇の境界線となってしまいました。

は賛否両派に分かれ、民衆も即時独立を願って反対しました。

1947年アメリカは、朝鮮問題を**国際連合総会**にもちこみ、「国連の監視下で朝鮮の総選挙をおこなうこと」を提案しました。これに対してソ連は、「米ソ両軍の即時撤退と朝鮮人民による政府の樹立」を提案しました。

国連総会は、アメリカ案を採択しましたが、朝鮮北部は反対して国連朝鮮委員会の立ち入りを拒みました。

そして、南北それぞれの単独政府樹立に反対する金九をはじめとする独立運動家たちによる南北の話し合いが試みられましたが、合意にたっすることができず、結局南北がそれぞれ単独政府をつくることになりました。

こうして、朝鮮南部には、1948年8月李承晩を大統領とする**大韓民国**が、朝鮮北部には、1948年9月金日成を首相とする**朝鮮民主主義人民共和国**が成立しました。

こうして朝鮮は、一つの民族でありながら、資本主義と社会主義という異なる社会体制の国に分かれ、民族が分断

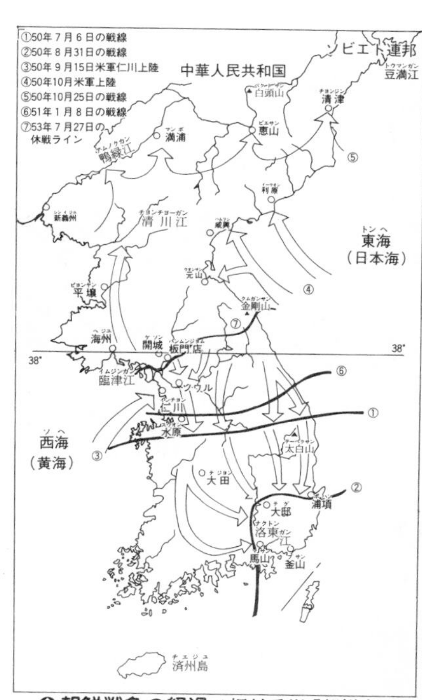

朝鮮戦争の経過（梶村秀樹『朝鮮史』）

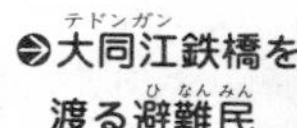

大同江鉄橋を渡る避難民

戦火をのがれる人びと

されることになりました。

朝鮮戦争

1949年、中華人民共和国が成立して、中国・ソ連・東ヨーロッパという広大な地域が、社会主義国家になりました。

アメリカは、北大西洋条約機構（ＮＡＴＯ）という軍事同盟をつくって、ソ連に対抗しました。

東アジアにおいても、アメリカは大韓民国と米韓軍事協定を結びました。いっぽう中国とソ連は、中ソ友好同盟相互援助条約を結んで、両陣営は対立しました。

1950年６月25日、38度線で南北両軍が衝突しました。

朝鮮人民軍は38度線をこえて大韓民国に攻めいり、ソウ

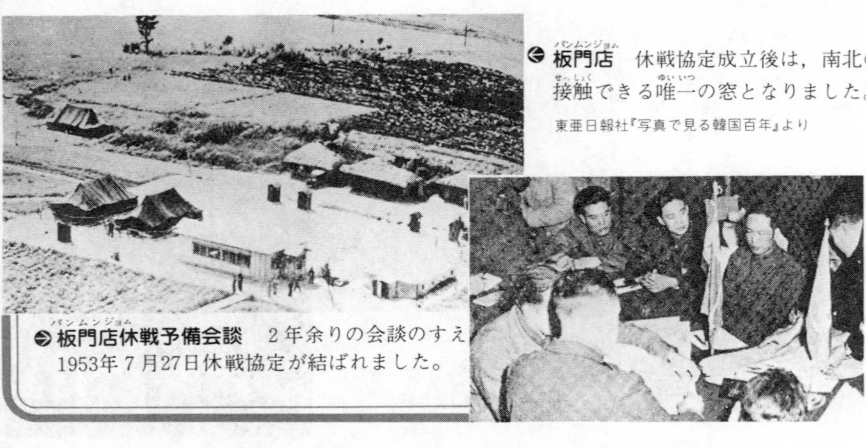

板門店(パンムンジョム)　休戦協定成立後は，南北の接触(せっしょく)できる唯一(ゆいいつ)の窓となりました。
東亜日報社『写真で見る韓国百年』より

板門店(パンムンジョム)休戦予備会談　2年余りの会談のすえ1953年7月27日休戦協定が結ばれました。

ルを占領し、洛東江(ナクトンガン)まで南下進撃しました。

国際連合安全保障(ほしょう)理事会は、ソ連の欠席のまま、朝鮮民主主義人民共和国を侵略者と決めつけ、軍事的に制裁(せいさい)を加えることを決定しました。

国際連合軍には16か国が参加しましたが、そのほとんどは、日本の基地から出動したアメリカ軍でした。国連軍は、最新兵器を使ってソウルをうばいかえし、北上して鴨緑江(アムノクカン)まで攻めこみました。そのとき、中華人民共和国の義勇軍が参戦して、国連軍をおしかえし、38度線付近で一進一退の攻防をくりかえしました。

1951年、ソ連の提案で休戦会談が開かれました。会談はなかなかまとまりませんでしたが、世界の平和を願う声におされて、1953年**休戦協定**(きゅうせんきょうてい)が成立しました。

朝鮮戦争は、同じ民族が南北に分かれて戦い、多数の人命を失い、国土は荒れはて、産業施設(しせつ)は破壊(はかい)され、にくしみだけを残すという最大の悲劇(ひげき)におわりました。

現在も、休戦ラインをはさんで、大韓民国・アメリカ合

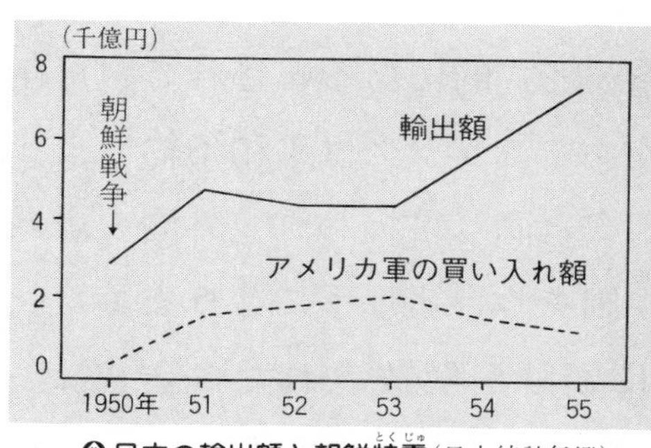

日本の輸出額と朝鮮特需（日本統計年鑑）
朝鮮戦争の特需で日本経済は立ち直りの土台をつくりました。

朝鮮特需　朝鮮戦争で使うアメリカ軍の弾薬も日本でつくりました。

衆国軍と朝鮮人民軍が、きびしい対立をつづけています。

朝鮮戦争と日本

朝鮮戦争は、日本の進路を大きくかえることになりました。

国連軍は日本の基地を利用し、武器や資材を日本に注文し、また施設（しせつ）や武器の修理、輸送もすべて日本にまかせました。この**特別需要**（じゅよう）（特需（とくじゅ））によって日本経済は、敗戦後の混乱から立ち直り、1951年の工業生産は、戦前の水準にまで回復し、経済大国へ発展する土台をつくりました。

また、日本にいたアメリカ軍が朝鮮戦争に出動すると、連合軍総司令部は、日本国内の治安を守るために警察予備隊をつくらせました。これがのちに自衛隊（じえいたい）となりました。

こうした中で、アメリカは日本との講和を急ぎ、ソ連など社会主義国の反対や、すべての連合国との全面講和を求める日本国内の声を無視して、1951年サンフランシスコで講和会議を開きました。

日本は、アメリカなど48か国と平和条約を結び、ついで日米安全保障（あんぜんほしょう）条約を結んで自由主義陣営に入り、社会主義国と対立するという戦後の政治状況がつくられました。

また、これまで日本国籍が形式的にあるとされていた在日韓国・朝鮮人は、このサンフランシスコ平和条約によって、外から入ってきた外国人と同じに扱われ、外国人登録法や出入国管理令などの規制をうけるようになりました。

在日韓国・朝鮮人

1945年に朝鮮が解放されたことによって、230万人をこえた在日朝鮮人は帰国をはじめました。ところが、朝鮮半島の混乱は日本以上のもので、帰国希望者もしばらく帰国を待たねばならない状況でした。日本に残った朝鮮人は、さっそく在日本朝鮮人連盟（朝連）を結成し、祖国の建設と、植民地政策の中で奪われた民族性をとりもどすために、生活を守ることと民族教育に重点をおいた運動をおこないました。朝連は、どこからの援助もうけずに、全国に500ほどの朝鮮人学校をつくりました。アメリカ占領軍と日本政府は、「共産主義者を助けることになる」として、1948年、民族学校閉鎖命令を出しました。在日朝鮮人が多く住んでいる大阪、兵庫を中心に、民族教育を守る運動がはげしくくり広げられましたが、日本の警察とアメリカ軍は、力で朝鮮人学校を閉鎖させ子どもたちを日本の学校へ強制的に編入させました。

つづいてアメリカと日本政府は、「朝連」を解散させ、抵抗する朝鮮人には徹底的な弾圧を加えました。

1950年朝鮮戦争がはじまると、解散させられていた「朝連」の人びとは、在日朝鮮統一民主戦線（民戦）をつくりました。のちに**在日本朝鮮人総聯合会**（総聯）がつくられ、朝鮮民主主義人民共和国の公民としての権利を守る運動を

⬆**日韓条約の調印**　1965年，14年をへて妥結にこぎつけました。東亜日報社『写真で見る韓国百年』より

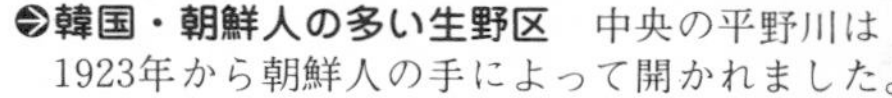

➡**韓国・朝鮮人の多い生野区**　中央の平野川は1923年から朝鮮人の手によって開かれました。

つづけることになりました。

いっぽう1946年、「朝連」の活動に不満をもった人たちが分かれて、在日朝鮮居留民団をつくりました。その後、**在日本大韓民国居留民団**（民団）と名称を変え、団員もふえ、大韓民国の国民としての生活と権利を守る運動をつづけています。

日韓条約と在日韓国・朝鮮人

朝鮮戦争のさなかの1951年から、大韓民国と日本の間で**日韓会談**がはじめられました。会談の内容は、両国の基本関係にはじまり、財産および請求権、経済協力、文化協力、漁業問題、それに在日韓国人の法的地位と待遇問題などでした。会談の中で、日本側代表が植民地政策を正当化する発言をして問題になったこともありました。会談がはじまると、大韓民国でも日本においても、はげしい反対運動がおこりました。その理由は、大韓民国と日本が共産主義に反対する軍事同盟を結ぼうとしているのではないか。日本が、再び経済的に

ソウル市街

セマウル運動　農楽の伴奏で，共同田植えをする農民たち
『今日の韓国』誌提供

大韓民国を支配しようとしているのではないか。そのうえ、すべての大韓民国、朝鮮民主主義人民共和国の民衆に対し侵略責任のある日本が、大韓民国だけを相手に話し合うことは、南北分断を進めることになるというものでした。

これらの反対運動のために、条約調印はのびのびとなりましたが、1965年6月、東京で**日韓条約**は調印されました。

日韓条約の調印は、在日韓国・朝鮮人社会を以前にもまして複雑にしました。その一つは日本での在留資格で、韓国籍と朝鮮籍に差をつけたことですが、その後、国際人権規約、難民条約の調印と在留資格や待遇改善運動の影響もあって、出入国管理及び難民認定法や、外国人登録法の改正もなされましたが、根本的な解決にはいたっていません。

大韓民国の発展

朝鮮戦争ののち大韓民国はアメリカと相互防衛条約を結び、戦争のために荒れはてた国土の再建にとりかかりました。しかし、政治は安定せず、1960年の大統領選挙における不正と弾圧に抗議して立ち上がった学生や民衆は、ついに腐敗した李承晩政権

➡ピョンヤン市街

⬅千里馬（チョルリマ）　一日に千里を走ったという伝説の天馬の像

を倒しました（4・19学生革命）。ところがその後も経済不安がつづくなかで、軍部が政権をにぎりました。

1963年には、憲法を改正して軍政を民政に移しました。

また経済開発5か年計画を実施して経済の建てなおしをはかり、1965年には日韓条約で日本との国交を結びました。

1970年には**セマウル**（新しい村）運動を実施して、農村の生活改善・近代化を、そしてて5か年計画で経済の近代化に成功して工業国として発展してきました。

1987年には大統領選挙を実施して政治の民主化をはかり、また1988年のソウル・オリンピックは史上最大の参加国を迎えて大成功をおさめ、大きく発展しています。

朝鮮民主主義人民共和国の発展

朝鮮労働党は、朝鮮戦争休戦協定の成立後、復旧3か年計画で戦前の経済水準となり、1957年からの5か年計画では、労働者の自主的な創意工夫を重んじた千里馬（チョルリマ）運動によって農業・工業の発展をはかりました。1960年代に入って「自分のことは自分でする」という（主体（チュチェ））思想運動によって、政治的な

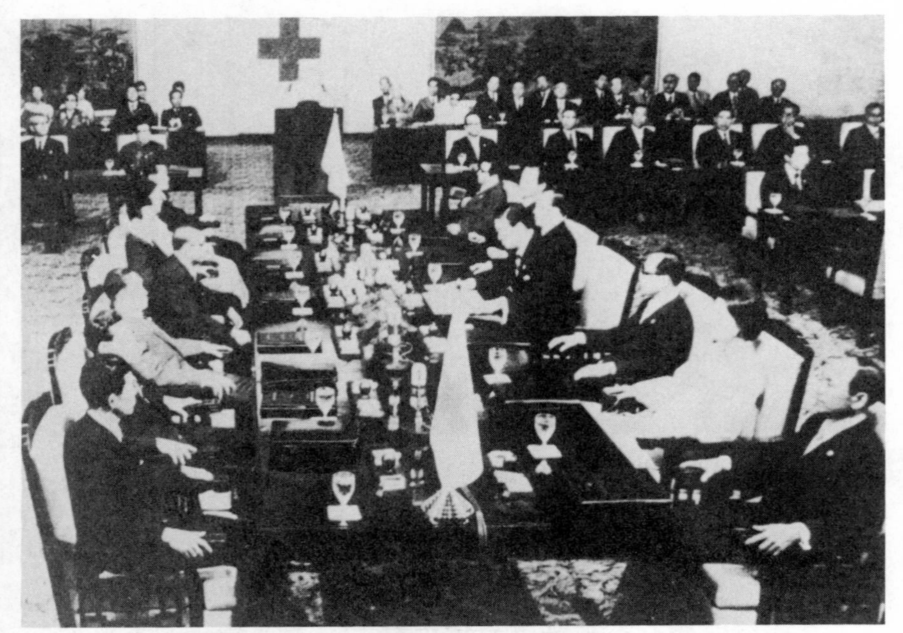

⑰ **南北赤十字会談（板門店）** 東亜日報社『写真で見る韓国百年』より

自主・経済の独立・国防の自衛体制をつくり、社会主義工業国へと発展していきました。1970年からは、政治、経済、文化の向上に力をそそぎました。

1989年にはピョンヤン青年学生祝典が、世界140か国の青年を集めて大成功をおさめました。

平和統一の願い

南北に分断された祖国の統一は、すべての韓国・朝鮮人の願いです。1972年、南北両政府は自主・平和・民族大同団結をうたった7・4「**南北共同声明**」を発表し、人々に統一への希望を与えました。

また、1991年末には「南北間の和解と不可侵および交流協力に関する合意書」が調印されました。

今、世界は東西冷戦時代が終わり、軍縮・国際協調、そして平和と人権確立の時代に向かっています。1990年には

↑伽倻琴を演奏する中学生
民族音楽会（大阪市外国人教育研究協議会主催，大阪市中央公会堂）毎年2000名余りの大阪市立小・中学生が参加して，韓国・朝鮮の歌や踊りを発表しています。

中学生の扇の舞

↗農楽

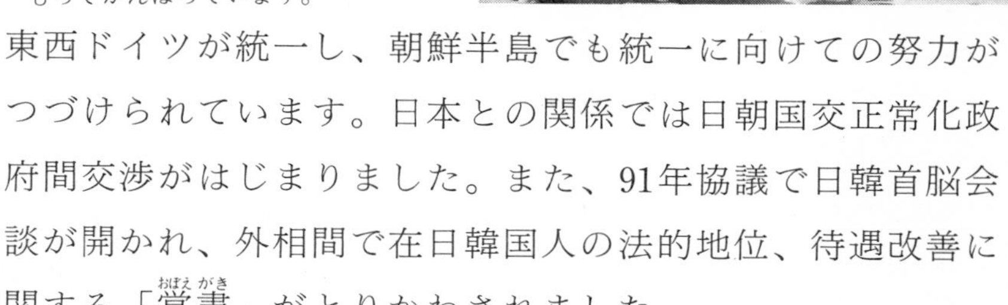

→生野民族文化祭　韓国・朝鮮人の多い大阪市生野区で行なわれた民族文化祭で，民族の文化と伝統を守り，自覚と誇りをもってがんばっています。

東西ドイツが統一し、朝鮮半島でも統一に向けての努力がつづけられています。日本との関係では日朝国交正常化政府間交渉がはじまりました。また、91年協議で日韓首脳会談が開かれ、外相間で在日韓国人の法的地位、待遇改善に関する「覚書」がとりかわされました。

1991年９月には、朝鮮民主主義人民共和国と大韓民国は、バルトなど５か国とともに国連に加盟しました。現在も南北高位級会談が継続されていますが、統一にむけての営みは、今後も国際社会の中で共存と対話という新たな関係を通じても達成していくでしょう。

今後、日本は民族差別をなくし、アジア諸国とりわけ隣国との信頼関係を築くこと、そして南北統一への環境づくりなどの努力をしていかなければなりません。

あ　と　が　き

隣国（大韓民国・朝鮮民主主義人民共和国）の歴史と日本との関係について誰にもわかる様に記述した本書は≪平和統一の願い≫の項目で終わっています。その次にどのような歴史的事実が記述されるのかはだれにもわかりませんが、なにを記述すべきかはだれもがわかっているでしょう。それは隣国と日本との「友好」回復です。

友好をとり戻すために私たちが最初になすべきことは、友好を破壊した歴史的事実を日本人みんなが正しく知り、伝えていくことだと考えます。現在、日本各地で在日する人々とともに真の友好をとり戻そうとする多くの運動が展開されていますが、それらの運動の一つとして私たちは本書を出版しました。

つたないできで、不服も多いかと思いますが、出版することの意義をお汲みとりいただき、本書をもとにあまねく家庭や各層各団体で隣国との友好について話し合っていただきたいものです。差別や偏見のないさわやかな社会を築き、真の友好をとり戻すうえで本書がその一助となれば幸いです。

執筆にさいして、桃山学院大学金学鉉氏、関西学院大学朴鐘鳴氏、三千里社佐藤信行氏のご指導・ご助言をいただき、また後に紹介しました諸氏の著書の助けを借りました。さらに大阪市教育委員会指導主事諸氏にもお目通しをいただきました。最後になりましたが、この場をかりて諸氏にお礼申しあげます。

浦　淳一

参考にした本

金達寿『朝鮮』岩波書店
旗田巍『朝鮮史』岩波書店
山辺健太郎『日本統治下の朝鮮』岩波書店
梶村秀樹『朝鮮史』講談社
朝鮮史研究会・旗田巍『朝鮮の歴史』三省堂
朝鮮奨学会『国史入門』朝鮮奨学会
大韓民国文教部『在日国民用国史』大韓民国
国史編纂委員会・渡辺学訳『世界の教科書歴史韓国2』ほるぷ出版
旗田巍『歴史教科書にあらわれた朝鮮』日本の学校に在籍する朝鮮人児童生徒の教育を考える会
信太一郎『朝鮮史と日本』日本の学校に在籍する朝鮮人児童生徒の教育を考える会
中村新太郎『日本と朝鮮の二千年』(上・下) 東邦出版
中塚明『近代日本と朝鮮』三省堂
姜在彦『日本による朝鮮支配の40年』大阪書籍
『中学社会・歴史的分野』大阪書籍
『日本の中の朝鮮文化』朝鮮文化社(鄭詔文)
宇佐美承『日本の中の朝鮮』太平出版
井上秀雄・上田正昭『日本と朝鮮の二千年』太平出版社
金達寿『日本の中の朝鮮文化』講談社
朴慶植『朝鮮人強制連行の記録』未来社
むくげの会『身世打鈴』東都書房
朝鮮文化社編『日本文化と朝鮮』新人物往来社
金忠一訳編『少年少女のためのわかりやすい韓国民族の歴史』ソウル書林
大韓民国国立博物館『国立中央博物館』通川文化社
悦話堂編集室『韓日交流二千年』悦話堂
大阪市立博物館『古代のロマンを求めて日韓文化交流展』
毎日新聞社『一億人の昭和史・朝鮮』毎日新聞社
吹田市同和教育研究協議会『日本の歴史と朝鮮』教育労働出版会
大韓民国観光公社『韓国の文化めぐり』
外務省情報局『日本と韓国——文化交流の歴史』
『今日の韓国』㈱アジアニュースセンター
『朝鮮画報』朝鮮画報社
『寫眞으로보는韓國百年』東亞日報社

さくいん